OMER KIAZIM

L'Aventure Kémaliste

Elle est un danger :

POUR L'ORIENT
POUR L'EUROPE
POUR LA PAIX

PARIS

L'ÉDITION UNIVERSELLE

43, Rue Caumartin

1921

L'Aventure Kémaliste

OMER KIAZIM

L'Aventure Kémaliste

Elle est un danger :

POUR L'ORIENT
POUR L'EUROPE
POUR LA PAIX

PARIS
L'ÉDITION UNIVERSELLE
43, Rue Caumartin

1921

AVERTISSEMENT DE L'AUTEUR

Je livre ces pages à la publicité, convaincu que je remplis à l'égard de mon pays un devoir des plus impérieux. En dénonçant le danger qui le menace, j'ai la sensation profonde de rendre service, en même temps qu'à mes concitoyens, à l'idée de la paix elle-même.

L'opinion publique européenne, les gouvernements alliés eux-mêmes prêtent trop facilement et de bonne foi une oreille complaisante aux agissements d'une propagande habilement conduite. Les Alliés se trouvent ainsi dangereusement trompés en ce qui concerne les affaires d'Orient.

Ainsi, n'ont-ils point accueilli, en pleine Conférence interalliée, les représentants du Gouvernement révolutionnaire d'Angora ? Et cependant... que sont les hommes de ce gouvernement, sinon des aventuriers vivant d'aventures et pour l'aventure ?... Cela est si vrai, que c'est la raison même pour laquelle les ennemis jurés de la paix mondiale les ont choisis et les utilisent comme des agents obéissant aveuglément et servant sans réplique les desseins de désorganisation et de bouleversement mondial rêvés par les germano-bolchevistes. « Le seul attrait que les bolcheviks éprouvent pour les unionistes est leur esprit d'aventure. Oui, ce qui attire les Enver, les Djémal, ainsi que les membres du siège central vers les bolcheviks, est l'ambition de braver le monde entier. Ces héros s'accrochent aux bolcheviks comme à une planche de salut. » Mais « pourquoi le peuple turc devrait-il, encore une fois, être la victime de l'ambition de ces gens ? » se demande l'éminent patriote turc Ali Kémal Bey dans le Peyam-Sabah.

Trahi par des chefs qui ne sont que trop occupés à remplir leur bourse, le peuple turc est fatigué de payer de son sang des erreurs plus d'une fois commises. Il le sait; il n'a rien à attendre des révolutions ni d'aucun mouvement insurrectionnel, quel qu'il soit. Toutes ces agitations ne font qu'augmenter sa misère car, malgré leur masque nationaliste, les kémalistes desservent des buts étrangers au peuple turc et partant incompréhensibles...

Le peuple turc ne désire que la paix. Seule, une paix durable et définitive est à même de panser les blessures profondes occasionnées par tant d'années d'anarchie et de guerres successives. Cette nostalgie profonde après la paix domine aujourd'hui la vie même du peuple turc, et cela, malgré les feux d'artifices fréquemment allumés, à Constantinople, par la propagande kémaliste.

Un correspondant français traduit exactement

ce sentiment du peuple turc : « Si Mustapha Kémal accepte la médiation des Alliés, les Turcs, pour la plupart, pousseront un soupir de soulagement. »

Le peuple turc n'a qu'un seul intérêt : trouver une solution pacifique de cette terrible question d'Orient qui, depuis des siècles, transforme en un véritable enfer le plus beau pays du monde. Il doit s'entendre avec les nombreuses nationalités non musulmanes qui se trouvent cohabiter dans l'Empire, en prenant, bien entendu, en considération, les conditions de vie actuelle, politiques et sociales.

Omer Kiazim.

Constantinople, 30 octobre.

PREMIÈRE PARTIE

L'AVENTURE KÉMALISTE, SES TENDANCES, SES ORIGINES, SES BUTS

CHAPITRE PREMIER

Objectif de la Politique germano-bolcheviste : Rupture entre Alliés et désorganisation mondiale. Rôle dévolu à l'Anatolie par cette même politique.

[Le lendemain de la victoire des Alliés, les germano-bolchevistes, profitant des dissensions qui s'élevaient entre les Alliés et des froissements qui en résultaient, faisaient de l'Anatolie le pivot de leur politique, la transformaient en un champ d'intrigues destinées à miner sourdement les relations des puissances de l'Entente et préparaient ainsi la *désorganisation mondiale*.]

La victoire des armées alliées mettait heureusement un terme à la guerre mondiale. Le « *Drang nach Osten* », devise de la politique suivie par Guillaume II, recevait le coup de grâce et, l'infiltration germanique en Anatolie se trouvait, en même temps et du même coup, enrayée d'une manière définitive. Le rêve pangermaniste, tendant à désagréger le système mondial des forces économiques et politiques, croulait lamentablement. L'Empire turc qui, d'après les calculs allemands d'hégémonie mondiale, devait servir de facteur principal à ce renversement, gisait maintenant vaincu, presque annihilé. L'Anatolie tombait sous l'absolue domination des Alliés. Les influences et les immixions étrangères — surtout les influences allemandes — en étaient à jamais exclues. Telle semblait être la situation en Anatolie au lendemain de la victoire des Alliés et la solution paraissait bonne, à tous les points de vue.

Malheureusement les Alliés, soit que leur politique eût été dépourvue de l'habileté voulue, soit qu'il leur eut répugné d'imposer leur force victorieuse, croyant d'autre part que le terrain était libre d'ennemis, se hâtèrent de mettre à profit, sans appréhension ni réserve aucunes, les avantages que leur avait concédés la victoire. Chacun des Alliés se mit à agir d'une façon sinon égoïste, du moins quelque peu personnelle. Ce fut une faute. Caché, sur le terrain même conquis par les Alliés, l'ennemi guettait, sournois, l'heure propice.

« Les Alliés fêtent leur victoire, écrivait, quelques semaines après la victoire, la *Taegliche Rundschau*. Nous les regarderons avec autant de curiosité que d'intérêt lorsqu'il s'agira, pour eux, de se partager les fruits de la victoire. » Et la même pensée, sous une forme socialiste, bien entendu, se trouve exprimée, presque en même temps, par les organes du parti communiste, à Moscou même.

L'heure attendue vint, *telle qu'elle était attendue*. Le moment d'agir pour Moscou et Berlin était enfin là ! Les puissances qui d'accord et ensemble venaient de terminer une lutte gigantesque garantissant aux peuples la liberté et le droit de disposer d'eux-mêmes, se trouvaient en présence les unes des autres, se disputant, en Anatolie, la moisson, riche par ailleurs, de la victoire. Dès cet instant, une nouvelle question d'Orient, se greffant sur celle existant déjà, surgit menaçante (1).

S'amplifiant tous les jours, elle risque de mettre en ébullition l'Anatolie entière.

Armés jusqu'aux dents, les ennemis de la paix n'ont guère cessé de guetter le moment favorable. Le pangermanisme, broyé et n'avouant guère sa défaite, ne cessait de rêver au plan conçu et à la poursuite de ses desseins. Son espoir consistait à vouloir profiter des froissements survenant, à chaque instant, entre les Alliés.

Ouvrons un journal quelconque paraissant à cette époque au delà du Rhin. La même idée y est exprimée et traduite sous toutes les formes et de toutes les façons. C'est suffisamment caractéristique. Tous les prophètes patriotes espèrent que leur salut, ainsi que la résurrection de l'Allemagne, dépendent des relations des Alliés entre eux, et ce sont bien ces *relations* qu'il s'agit d'empoisonner. C'est ainsi que l'auteur d'une brochure patrio-

(1) Celui qui, pour justifier les fautes commises, soutiendrait que la crise anatolienne est le résultat du débarquement des Grecs à Smyrne et la conséquence du Traité de Sèvres commettrait, en même temps qu'une erreur, une faute contre l'Histoire. Car, lorsque ces deux événements eurent lieu, les Turcs, qui n'étaient point encore divisés en kémalistes et non-kémalistes, eussent été satisfaits s'ils avaient pu sauver du désastre l'Anatolie seule. Il serait facile de parcourir les articles des journaux turcs d'alors pour s'en convaincre. De même, le Gouvernement turc de cette époque n'était point d'un autre avis.

2

tique : « *Die drei Kommenden Kriege* » (1), qui a eu une grosse diffusion en Allemagne, ne se lasse pas de prévoir des conséquences aussi précieuses que nombreuses, devant fatalement découler des disputes surgissant entre Alliés. Et c'est bien de cette « brouille » escomptée fébrilement et attendue avec ténacité et patience, que naîtra, nécessairement pour l'Allemagne, « *l'occasion* » lui permettant de retrouver sa puissance et sa force d'antan. Tout cela, bien entendu, *aux dépens de la France,* ainsi que l'affirme, galamment, l'auteur de cette brochure, à la condition toutefois, que « *la diplomatie allemande sache se mettre à la hauteur de la situation* ». Dans une autre brochure, toujours patriotique, et sous le titre « *Mit Russland gegen Frankreich* » (2), l'auteur, reprenant l'idée précédemment exprimée, ne cesse de l'amplifier et de la mettre en lumière. « Il y a *deux moyens,* dit-il, qui, employés simultanément par l'Allemagne, contribueraient à détruire nos ennemis et vainqueurs d'aujourd'hui et permettraient à notre pays de reprendre entre ses mains l'hégémonie mondiale qui, pour l'instant, lui échappe. » Ces *moyens* sont : le *bolche-*

(1) *Die drei kommenden Kriege.* Englands Auseinandersetzung mit seinen Bruedern von der Entente. Deutschlands Aufstieg in den kommenden Wirren. Eine militaerisch-politische Prophezeiung von OTTO AUTENRIETH. Carl August Tancré Verlag. Neuenburg a. S. 1920.

(2) *Deutschlands einzige Rettung. Mit Russland gegen Frankreich!* Kritische Schlussfogerungen aus der heutigen politischen Weltlage. Chez le même éditeur.

visme et la *mésentente* entre les Alliés. Ce sont, d'après l'auteur, deux facteurs extrêmement importants et capables de conduire l'Allemagne à une victoire certaine : le bolchevisme, minant intérieurement l'ordre social des Etats alliés, amènera fatalement le bouleversement mondial. C'est pourquoi il doit être répandu, par tous les moyens possibles, dans tous les pays de l'Entente : « Il ne faut hésiter ni en avoir peur surtout, dit-il, car le bolchevisme ne peut constituer un danger pour l'Allemagne. » D'autre part, la rupture entre les Alliés dissoudra immanquablement les alliances conclues et le conflit surgira, inévitable. Cela tient à la diversité même des intérêts des Alliés. Et l'auteur d'insister sur la nature de ces intérêts. « Par conséquent, dit-il, l'Allemagne n'a qu'à favoriser *systématiquement* ces divergences, soutenir habilement et *alimenter* ces dissensions et disputes, les faire croître au besoin en utilisant ses mesures secrètes, ces trop fameux moyens dont les Alliés se sont servis autrefois contre nous et qui, actuellement, peuvent être considérés comme étant parfaitement permis. » Quelles sont ces « mesures secrètes », l'auteur s'empresse de nous le dire : « Utilisation propice, *offensive et défensive* de certains agents politiques résidant à l'étranger. » Et, aussitôt, il laisse entendre de quelle ville l'âme germanique fera choix pour tendre ses filets de propagande défaitiste : de Paris, tout simplement !...

Mais nulle part cette conception ne jaillit avec plus de clarté cynique que dans une proclamation confidentielle du fameux parti nationaliste, *Vaterlands partei,* créé par l'amiral von Tirpitz, après que celui-ci, mis en retraite, fut devenu l'agent principal de l'agitation pangermaniste (1).

« Le partage du butin entre Alliés, dit-il, nous ménage encore bien des surprises. C'est vers cet objectif que nos hommes politiques doivent orienter notre politique extérieure. L'Allemagne de demain, la *grande Allemagne* naîtra précisément de ces disputes entre les Alliés... Ce qui importe pour nous, c'est de savoir de quelle façon nous exploiterons ces froissements, comment nous les mettrons au service de nos propres intérêts (1). »

La même politique de désorganisation mondiale est poursuivie par les pangermanistes. Inaugurée par Ludendorff (transport de Lenine et de ses complices en Russie, en passant par le territoire allemand), cette politique est certainement celle qui domine aujourd'hui à Berlin et d'autant plus que les prévisions pessimistes de l'Etat-major allemand sur l'issue des opérations militaires d'alors se sont réalisées.

(1) Les mêmes conceptions furent exposées par l'ancien chef du parti conservateur, le comte Westarp, dans une conférence faite devant les étudiants de l'Université de Berlin. D'après lui, étant donnée la situation actuelle de l'Allemagne, celle-ci ne pourrait attendre son salut que de la mésentente qui, divisant tous les jours davantage les Alliés, finirait par les séparer.

Von der Goltz — chef des armées de la Baltique organisées par les pangermanistes et dissoutes depuis par ordre des gouvernements alliés, et fils du fameux von der Goltz pacha, chef de la première mission militaire allemande en Turquie d'abord, puis gouverneur de la Belgique pendant la première période de l'occupation allemande — écrit dans un ordre adressé au commandant d'une « Légion » : « *Notre intérêt national est d'alimenter l'anarchie universelle par tous les moyens dont nous disposons et partout où nous le pouvons. Nous créerons ainsi toutes sortes de soucis et de difficultés aux Puissances occidentales. Une double utilité en résultera pour nous : profit négatif d'abord, puisque les forces ennemies en seront considérablement affaiblies; utilité positive ensuite, puisque le facteur militaire allemand en sera proportionnellement augmenté. Une foule d'autres possibilités ne manqueront d'ailleurs pas de surgir et notre diplomatie en tirera le plus grand profit, si elle sait se tenir en éveil, cela s'entend* (1). » Cela paraît assez explicite (2).

(1) A été publié dans le journal communiste *Republik*, de Berlin.

(2) Malheureusement, il n'y a guère que quelques esprits clairvoyants qui, en Europe, s'en soient rendu compte. Dans une correspondance remarquable, adressée de Constantinople au *Journal des Débats* (29 mai 1921), Maurice Pernot donne un tableau saisissant de cette politique :

« Pour les bolchéviks russes, dit-il, le triomphe du nationalisme, que ce soit en Turquie, en Perse ou aux Indes, n'est point une fin en soi : mais en soutenant les causes nationales dans ces divers pays, ils portent une atteinte

Quant à la politique de Moscou, elle est en tous points semblable à celle de Berlin : elle en est le complément. Le bolchevisme ne pouvant être nourri que d'anarchie, celle-ci doit être systématiquement cultivée, partout. Car, ne l'oublions pas: la seule chance de salut réside dans la révolution mondiale. Le bolchevisme n'a qu'un but : soulever l'Orient contre l'Europe capitaliste. Toute la presse bolcheviste ne cesse de le proclamer journellement.

Dans quelle mesure la mentalité bolcheviste de Moscou s'acorde avec celle pangermaniste de Berlin, nous le constatons une fois de plus, dans une circulaire de la *Commission Extraordinaire Panrusse* adressée à ses agents de l'étranger. On y fait resortir la « nécessité urgente *du travail systématique de tous les agents résidant en pays étranger, et la culture habile, silencieuse et méthodique, de tous les éléments pouvant contribuer de leur mieux à faire éclater, le plus vite possible, la révolution mondiale* ». Quant à la besogne qui doit se poursuivre en Anatolie, elle est spécia-

sensible à la puissance et à l'économie de leurs grands adversaires d'Occident.

L'action qu'organise avec tant d'ardeur et de persévérance leur propagande asiatique menace directement l'Angleterre en Mésopotamie, comme la France en Syrie. La diplomatie des Soviets a parfaitement compris la nécessité d'abandonner, pour un temps, le terrain peu fertile des luttes de classe et des intérêts de parti, et de se mettre au niveau des peuples qu'elle veut gagner en épousant leurs querelles nationales et religieuses. Elle se fait nationaliste et panislamiste en Asie, comme elle est devenue patriote en Russie et impérialiste en Allemagne. »

lement définie dans un ordre du « *Comité Exécutif de propagande à l'étranger* » l'Ispolkom Komiterna. On y lit textuellement : « *L'attention de l'Ispolkom Komiterna est tournée actuellement et principalement vers l'Orient où la gravité de la situation laisse entrevoir la possibilité d'un conflit entre les Empires et les peuples d'Orient. Nous en pourrions tirer profit pour amener de nouvelles complications en Orient.* »

On comprend maintenant quelle signification pouvaient avoir, pour les germano-bolchevistes, les divergences qui, éclatant journellement entre les Alliés, les faisaient hésiter dans la politique qu'il s'agissait alors d'adopter d'urgence, à l'égard de la Turquie vaincue. Que le moment fut propice, les ennemis de l'Entente le sentaient et ils se sont empressés de l'exploiter dans une large mesure.

Berlin tendit la main à Moscou et Moscou s'empressa de la prendre. Entre les deux ennemis de la paix et de la sûreté du monde, une alliance tacite venait d'être conclue; elle était garantie par l'identité des conceptions et la communauté des intérêts.

C'est ainsi que la Turquie était destinée, d'avance à servir d'agent d'exécution à ce plan complexe et schématisé de main de maître. Citons à l'appui de ce qui précède, l'instruction suivante adressée aux chefs de la IIIe Internationale :

« *Nous lutterons en Turquie pour la IIIe Inter-*

nationale. Le drapeau nationaliste nous servira de masque et de paravent. Le mot d'ordre : « A bas le Traité de Sèvres, à bas l'Entente ! » servira de déguisement habile à l'idée bolcheviste. A son insu le Pacha turc en sera le fervent défenseur » (1)

Pourrait-il y avoir d'occasion plus favorable? La Turquie des Enver et des Talaat n'avait-elle pas déjà servi comme facteur d'anarchie, n'avait-elle pas contribué au renversement mondial, en novembre 1914 ? Car enfin, c'était bien pour servir ce plan, dont la conception remonte avant la guerre, que la Turquie, dès le début de la lutte, se rangeait, automatiquement, aux côtés des Puissances centrales. Ceci nous est affirmé avec toute l'autorité voulue, par Liman von Sanders, l'homme qui fut l'organe capital de toute l'action militaire turque.

« *Les Turcs, écrit-il, dans ses* « *Mémoires* » *ne furent pas chargés que de la défense des Dardanelles et de leurs frontières, si éloignées du théâtre de la guerre; ils durent en même temps, entreprendre de conquérir l'Egypte, gratifier la Perse de son indépendance, aider à l'instauration des Etats indépendants en Caucasie, et même, de menacer les Indes, par l'Afghanistan.* »

N'est-ce pas prouver assez clairement que toute

(1) Cité dans un article du baron Vietinghoff-Scheel, publié dans la *Deutsche Tageszeitung*, de Berlin, 22 juin 1921.

l'action miltitaire dans la Turquie d'alors était bel et bien subordonnée à ce plan de désorganisation mondiale, patiemment élaboré et merveilleusement coordonné, dans son ensemble, par les Germano-bolcheviks ? Et voici qu'après la victoire, l'ennemi vaincu, invisible d'abord, réapparaît sur le champ de bataille. Avec tous les moyens dont il dispose, il ne cesse de disputer aux vainqueurs les fruits de la victoire. C'est ainsi qu'il procède en Anatolie à l'avènement du mouvement kémaliste (nous en suivrons la genèse dans le chapitre suivant), tandis que dans Paris même, une propagande active se développe hâtivement, en vue d'agencer les éléments de la nouvelle lutte. Car, c'est sur Paris même que la pensée germano-bolcheviste applique tous ses efforts. Tous les moyens y convergent. Tous les agents secrets de la Wilhelmstrasse s'empressent d'arriver et d'agir. Ils cultivent les dissensions entre Alliés, ils cherchent à les faire naître. Ils les nourrissent abondamment, tandis que le chaos se crée en Anatolie.

Chaque jour qui passe assiste à l'amplification de la lutte, et si on ne l'arrête à temps, elle menace d'atteindre les proportions d'un désastre mondial. Tous les personnages suspects qui, depuis 1908, sont à la solde de la Wilhelmstrasse, affluent dans Paris. L'argent, ils l'ont à profusion et les bonnes recommandations ne leur manquent guère. Ils ont reçu des instructions variées, définitives et précises. Les sympathies de certains cercles français pour la Turquie seront habilement exploitées. Il en sera de même d'une certaine inimitié née en France contre la Grèce, depuis le retour du roi Constantin à Athènes. Autour de la cause nationaliste turque, on fait jouer la grosse caisse...

C'est ainsi que tous les jours, grâce aux fautes politiques commises par l'Entente et les heurts qui s'en sont suivis, l'Anatolie se transforme en un champ d'intrigues germanobolchevistes.

Le jeu de Berlin et de Moscou a parfaitement réussi.

CHAPITRE II

Le mouvement kémaliste et son rôle d'après les prévisions du plan germano-bolcheviste

[Le mouvement kémaliste n'est que la résultante des intrigues politiques germano-bolchevistes. Il n'a d'autre but que de semer l'anarchie en Orient, la propager jusque dans les profondeurs de l'Anatolie, des Indes, et la prolonger indéfiniment, en saisissant toute occasion susceptible de créer aux Alliés des difficultés sans fin.]

Pour comprendre les événements actuels d'Angora et en pénétrer le sens, pour concevoir toute l'étendue des responsabilités qui incombent à ceux qui en sont les auteurs, il est nécessaire de tracer brièvement l'historique du mouvement kémaliste.

Jetons un coup d'œil rapide sur la personne même de Mustapha Kémal, examinons son rôle en tant que chef de l'insurrection.

Originaire d'une famille juive, assez obscure par ailleurs, de Salonique (son père embrassa très jeune l'islamisme), Mustapha Kémal appartient à cette classe des « Dunmès » (juifs convertis à l'islamisme) qui, venant surtout de Salonique, prirent comme pierre d'achoppement de leurs desseins arrivistes, l'ambition pangermanique. C'est ainsi qu'ils devinrent les serviteurs aveugles de l'impérialisme allemand, celui-ci voulant à tout prix réaliser la conquête de l'Anatolie et transformer la Turquie en colonie allemande.

Mustapha Kémal est un homme de culture moyenne. Il est très ambitieux, habile et rusé, souvent de mauvaise foi. Energique cependant et tenace, il est l'admirateur fervent de la pensée allemande et de l'esprit d'organisation germanique. Il arrive à se faire remarquer, pour la première fois, lors de la révolution de 1908. Mis de côté par des plus habiles que lui, Enver par exemple, il conserve vis-à-vis de celui-ci une haine irréductible.

Les guerres balkaniques ne le favorisent guère. Toutefois il se distingue dans la défense de Tchataldja, contre les Bulgares. Les relations qu'il ne cesse de cultiver, en Allemagne, lui permettent, pendant que les Allemands dominent à Constantinople, d'occuper un poste important, auprès d'Enver, alors tout puissant.

On parla davantage de Kémal lorsqu'il s'est agi de la défense des Dardanelles. (A ce moment, ses relations intimes avec le colonel Schwartz, et le scandale occasionné par la femme de ce dernier, donna lieu à beaucoup de commentaires, dans les milieux militaires germano-turcs). Commandant alors d'un régiment, il fut remarqué par Liman von Sanders qui, chef de la Mission militaire en Turquie d'abord, fut l'organisateur principal de la défense turque. Liman von Sanders, dans ses mémoires, s'exprime avec enthousiasme au sujet de Kémal qui n'était alors qu'un officier obscur. Il va jusqu'à lui reconnaître toutes les vertus de l'esprit militaire allemand.

La fin misérable de l'aventure turque met brusquement un terme à la carrière, à peine commencée, de ce futur héros national. Il est vrai que d'autres champs d'action s'ouvrent déjà en perspective, mais Kémal ne peut encore ni les deviner ni les concevoir.

Cependant la propagande bolcheviste commençait à travailler en Anatolie. Constantinople et l'intérieur du pays s'en laissaient pénétrer déjà. Les agents de Moscou se livraient à la reconnaissance du terrain et commençaient à le miner, systématiquement. Trotsky prenait bien à Brest-Litovsk, vis-à-vis de l'Allemagne, l'engagement, que la propagande bolcheviste cesserait dans les pays alliés; mais cette mise en scène m'empêchait point Moscou de travailler à la dérobée, de même que l'accord de Krassine avec l'Angleterre ne dérangeait en rien les desseins bolchevistes en Anatolie.

La défaite allemande et les événements qui s'ensuivirent aidèrent puissamment la politique germano-bolcheviste de désorganisation mondiale. L'action allemande y faisait chorus; les agents germano-bolchevistes avaient déjà rompu plus d'une lance dans le chaos anatolien. Les personnages qui servaient de cadres à la conquête pangermaniste, passant de Constantinople à Moscou, pénétraient en Anatolie.

C'est alors que la situation, changeant d'aspect, entra dans une phase nouvelle. Toute l'habileté de Kémal consista en ce qu'il eut le coup d'œil juste. Il se rendit immédiatement compte que la situation était facilement exploitable. Son ami, le colonel Schwartz qui, lui aussi, se trouvait réfugié à Moscou, l'aida de ses conseils. Mustapha Kémal n'eut plus qu'à développer son plan : il consistait à mettre l'Anatolie en état de révolte.

Les hésitations des Alliés dans la politique à suivre vis-à-vis de la Turquie, certaines preuves de bon vouloir manifestées de la part de quelques milieux européens de Constantinople, et surtout la certitude acquise que Moscou et Berlin aideraient de toutes leurs forces à l'exécution du plan conçu, persuadèrent Mustapha Kémal que, le mouvement projeté avait toutes chances de réussir. Il y eut alors une longue délibération entre Kémal et ses adeptes, y compris son ami, le colonel Schwartz. Par l'intermédiaire de ce dernier, Mustapha Kémal eut la bonne fortune de connaître l'agent principal du bolchevisme à Constantinople, Koudisch (1) qui se cachait sous le pseudonyme de Katz.

(1) Koudisch est celui qui, plus tard, fit son apparition officielle à Constantinople, se disant le chef d'une mission commerciale. Il menait grande vie, logeait au Péra Palace, allait souvent à Paris, à Londres, et revenait à Constantinople, jusqu'au jour où la police britannique mit un terme à son activité, pour très peu de temps, d'ailleurs.

Cependant les discussions continuaient de plus belle dans le cercle de Mustapha Kémal. Ce qui les empêchait d'aboutir, c'était la présence d'Enver au Caucase. Un projet analogue à celui élaboré par Kémal s'y faisait jour. Le héros en était Enver. Sa renommée, déjà faite, offrait apparemment plus de garanties à Moscou. Quant à l'opinion de Mustapha Kémal et de son entourage, elle était qu'Enver, se trouvant compromis aux yeux de tous, voire même des Turcs, il était inhabile, sinon dangereux, de la place à la tête d'un tel mouvement, qui ne pouvait être mis à l'essai que par des hommes jeunes et dont la réputation restait intacte.

Cette thèse prévalut, grâce à l'intervention, en faveur de Kémal, des milieux germaniques et surtout, après un exposé verbal de Koudisch, venu exprès pour cela à Moscou. Le journaliste Djela. Nour, qui, lui aussi était parti de Constantinople et se trouvait être l'ami personnel de Mustapha Kémal, fut alors expédié à Moscou. Il y fut reçu par Lenine en tant que représentant d'un pouvoir déjà en formation. La Russie des Soviets fit à Djelal Nour des promesses sans limites, et, comme premier encouragement, elle mit à la disposition de Kémal les fonds de la propagande russe de Constantinople. Ils se chiffraient, en ce moment, à plusieurs milliers de livres turques.

C'est ainsi que Djelal Nour, chargé des promesses, retourna, en passant par Bakou, à Erzeroum, accompagné d'un état-major composé d'officiers allemands et de techniciens de toute sorte — à l'heure qu'il est, ils se trouvent encore à Angora — chargés de former les premiers cadres de l'organisation intérieure de lEtat kémaliste.

Me trouvant en ce moment à Constantinople, je reçus d'un de mes amis, professeur allemand (il professa pendant les premières années de la guerre au lycée de Galata Seraï à Constantinople) une lettre. Tout en y déplorant le sort de la Turquie, il me disait : « Si, par hasard, un autre Enver surgissait en Turquie, celle-ci pourrait, peut-être, être sauvée !... » Cet Enver existait de fait : c'était Kémal !

Kémal avait toutes chances de réussir. Restait à faire le premier pas. C'était chose relativement facile. Agissant en conséquence, Kémal obtenait du gouvernement Damad Ferid de confier au héros des Dardanelles l'œuvre, ingrate quant aux apparences, de procéder à la dissolution de l'armée anatolienne, conformément aux clauses de l'armistice.

Partant de Constantinople, Kémal se dirigea vers Erzeroum. Tous ses amis y sont déjà. Ceux qui, à Constantinople, sont au courant des événements connaissent parfaitement le but de ce voyage et les Légations alliées sont bel et bien au courant de l'escapade kémaliste. Seulement elles n'en semblent pas autrement inquiètes.

Arrivé à Erzeroum, Kémal s'adonne avec beaucoup de zèle à sa tâche. Celle-ci consiste tout d'abord à « caser » les différents chefs de l'armée d'Orient et à mettre les valis et religieux du pays au courant de ses projets.

L'argent bolchevik aidant, Kémal réussit à grouper quelques corps de volontaires, parmi ceux qui lui sont plus particulièrement dévoués et, tandis qu'il se livre à des mesures préparatoires générales, il laisse croire qu'il travaille à un plan conforme aux desseins de la Porte. Cet alibi est accepté par les milieux cultivés de Constantinople. De tout jeunes volontaires, officiers et élèves de l'école militaire de Constantinople, affluent nombreux et adhèrent au mouvement.

C'est ainsi que l'argent bolchevik, semé à profusion et d'une manière habile, préparait le terrain à la révolution. Les arrivistes de l'ancien régime jeune-turc, flairant « l'os à ronger », accoururent nombreux, et rejoignirent Kémal qui se trouvait à Erzeroum toujours en compagnie de son ami Schwartz.

Kémal réussit alors à réunir à Erzeroum son premier Congrès (1919). Il s'y faisait officiellement reconnaître comme chef du mouvement révolutionnaire et votait un programme connu sous le nom de « Pacte d'Erzeroum » ou « Pacte National ». La formule : « La Turquie indépendante dans ses frontières nationales », fut l'objet de longues discussions. Les adeptes de la « manière douce », s'inspirant des milieux turcs de Constantinople, ainsi que de ceux résidant à l'étranger, mus aussi par un sentiment de prudence, présentaient le mouvement comme étant dirigé, non contre l'Entente, mais bien contre les Etats voisins et concurrents de la Turquie, comme la Grèce et l'Arménie, par exemple. Ils laissaient entendre que cette révolte était la conséquence normale du débarquement des Grecs à Smyrne (1). Quant aux disciples de la « manière forte », ils agissaient tout simplement d'après les promesses et directives reçues de Berlin et de Moscou. Naturellement, Berlin et Moscou eurent le dessus.

C'est ainsi que le caractère anarchiste marque, dès sa naissance, le mouvement kémaliste.

Voici, maintenant, ce qu'il faut entendre par « frontières nationales », d'après les termes mêmes du pacte conclu à Erzeroum : Au sud, une ligne partant d'Alexandrette, laisse cette ville à la Turquie et aboutit à la frontière persane. Mossoul et son district restent également à la Turquie.

A l'est, une ligne frontière réalise le traité de Brest-Litovsk. En Europe, la frontière de 1914 laisse Andrinople à la Turquie et aboutit à Enos. Indépendamment de cela, la Turquie conserve ses

(1) Cette thèse saugrenue continue d'être soutenue par la propagande kémaliste, à Paris ; elle y trouve malheureusement de trop nombreux adeptes : Voir la brochure propagandiste d'un certain Alaedine Haïdar, « envoyé de presse » : *A Angora, auprès de Mustapha Kémal.* Edition France-Orient, Paris.

droits sur les îles Imbros, Ténedos, Mitylène et Chio dont le sort est considéré comme n'ayant pas été réglé depuis les guerres balkaniques.

Par « indépendance politique », il faut entendre le refus d'accepter une zone d'influence poli-politique étrangère quelconque et la liberté pour la Turquie de conserver l'armée qu'elle juge utile à la défense de ses intérêts. Aucune restriction n'est admise dans l'ordre naval.

Par « indépendance financière et économique », il faut entendre, toujours suivant les termes du même pacte, la suppression des capitulations.

Plusieurs mois après la conclusion du « pacte d'Erzeroum », exactement en septembre 1919, un autre Congrès se réunissait à Sivas. Ce Congrès était plus significatif que le premier, parce qu'en même temps qu'il renouvelait et par le même consolidait le « Pacte d'Erzeroum », il dévoilait complètement les buts poursuivis par les meneurs germano-bolchevistes. C'était un « Congrès *pan-islamique* ». Y prenaient part, *officiellement,* les représentants des Soviets, ceux du gouvernement bolchevik d'Azerbeidjan et des émissaires persans.

C'est alors que la question se posa sous son aspect véritable. Le Gouvernement de Moscou promettait son aide et soutien et consentait à satisfaire toutes les ambitions, à une seule condition cependant : ses intérêts demandaient à être bien servis. La guerre devait se généraliser, s'étendre en Cilicie, en Syrie, gagner la Mésopotamie et l'Arabie; l'anarchie, surtout, devait s'éterniser en Orient. Le mouvement révolutionnaire devrait se déployer, rapide, dans l'intérieur de l'Asie et se propager jusque dans les Indes.

Le Congrès prenait, en outre, la résolution, naturelle d'ailleurs, d'expédier des agents dans les villes les plus importantes de l'Anatolie, afin de les gagner au mouvement.

Pendant ce temps les agents de la Wilhelmstrasse travaillaient énergiquement à Paris ainsi que dans tous les centres importants de l'Europe. Car il importait, pour l'heureuse réussite du plan projeté, de poser « les bases diplomatiques » nécessaires, préparant ainsi l'opinion publique à accueillir, favorablement, le mouvement.

Quant à la Porte, elle se trouva dans la nécessité de régler sa position vis-à-vis du gouvernement révolutionare. Elle essaya de rappeler Kemal. Ce fut peine perdue. « L'Inspecteur général de l'Armée d'Orient » n'hésita point à jeter le masque et à se présenter sous son aspect d'insurgé véritable, menaçant de généraliser l'anarchie en Anatolie.

Une rupture, apparente, entre la Porte et le Gouvernement révolutionnaire s'en suivit. Le retrait d'Angora des troupes anglaises fournit à Kémal l'occasion de choisir cette ville comme siège du mouvement insurectionnel. Se trouvant ainsi *très près de Constantinople,* tout en étant officiellement séparé, Kémal s'installait à Angora, avec tout son état-major. Afin de consolider, si possible, davantage encore, sa situation et se donner un air officiel, il créa l' « Assemblée Nationale ». Les membres de cette Assemblée furent choisis parmi les amis de Kémal. Et c'est ainsi que le nouveau Gouvernement se cristallisa suivant toutes les règles constitutionnelles.

L'Etat d'Angora était né.

Comme il est facile de le voir, ce mouvement, soi-disant nationaliste, n'a rien de national. C'est une construction artificielle, dressée par des agents spéciaux; elle est destinée à servir un plan défini et dont les buts sont prescrits d'avance.

C'est, en d'autres termes, une tentative forcée visant à troubler l'ordre créé en Orient par la victoire des Alliés. Elle a été provoquée par des raisons d'ordre extérieur.

Si la diplomatie des Alliés avait été plus efficace, si l'Entente avait montré plus de perspicacité, plus de poigne surtout, il y a beau temps que l'aventure germanobolcheviste aurait sombré dans le vide. Car aucun enthousiasme, aucun sursaut d'idéalisme légitime n'animent le mouvement kémaliste, quoi qu'en disent certains naïfs, en

Europe : « Lorsque Mustapha Kémal — raconte M. Pierre de la Mazière, dans un article écrit de Constantinople (1) sur l'origine du mouvement kémaliste —, se mit en état de rébellion ouverte, contre le Gouvernement officiel de Constantinople, les Turcs de l'Asie, qui avaient beaucoup souffert pendant la guerre et dont le désir de la Paix était très grand, lui étaient nettement hostiles. »

Les Turcs, ainsi que nous l'avons dit, sans distinction de parti, étaient en effet contents de s'être tirés d'affaire à si peu de frais, étant donnée leur trahison de 1914 à l'égard des Puissances.

« Son armée de volontaires, continue M. Pierre de la Mazière, est composée de paisibles paysans qu'on recrute, revolver au poing, dans leurs villages. On comprend facilement que, fonctionnaires, commerçants et paysans, anxieux et terrorisés, se demandent quand et comment se terminera l'aventure », — explique toujours M. Pierre de la Mazière. Qu'importe ? L'essentiel pour les metteurs en scène invisibles c'est qu'un foyer d'anarchie se soit allumé, quand même et en dépit de tout, en Anatolie. C'est bien suffisant pour ceux qui ne poursuivent d'autre but que de livrer l'Anatolie aux flammes. Menaçant, l'incendie d'Angora gagnerait l'Anatolie, les Indes, les Balkans et les colonies musulmanes...

(1) Publié dans *Le Petit Journal* du 23 juin 1921.

CHAPITRE III

Kémalistes et Jeunes Turcs

(Kémalistes d'Angora et Jeunes-Turcs de Salonique sont identiquement pareils. Ils ont la même mentalité, les mêmes tendances, poursuivent les mêmes buts, appliquent la même tactique et emploient les mêmes moyens. Ils sont au service de ces meneurs plus ou moins louches qui sont un danger, non seulement pour l'Entente, mais pour la paix mondiale.)

Afin de mieux masquer son jeu, Kémal eut soin de rompre, dès le commencement, toute relation avec la Turquie officielle. Cette rupture entre le Gouvernement d'Angora et la Porte s'imposait, car Kémal savait bien que son plan ne réussirait que s'il arrivait à tromper les Alliés. C'était facile. Les *fonds* de Jeunes Turcs, moralement parlant, avaient considérablement baissé. La renommée dont jouissait leurs chefs, bourreaux de chrétiens et de musulmans, était à jamais compromise. Une séparation devenait indispensable. C'était une affaire de diplomatie : la nouvelle Turquie « le Kémalistan » devait être différente de l'ancienne. Elle aurait à cœur, en conséquence, de se débarrasser de ces crimes, quelque peu lourds, qui pesaient sur la conscience des hommes de la Révolution de 1908. Le « Kémalistan », la « Turquie régénérée » se présenterait aux yeux du monde civilisé exempte de fautes, innocente et quasi « pleine de grâce ». Aux organes de la presse kémaliste il appartenait de mener une campagne systématique contre Enver et ses acolytes. Les épithètes les plus lourdes tombaient dru sur leur tête : « Destructeurs de la Turquie », « Assassins de la fleur de la nation turque ». Les personnalités influentes de la Turquie officielle, en avaient pour leur compte.

La propagande kémaliste s'empressait, emportait, colportait les griefs de Kémal et de ses adeptes, contre Enver, à l'extérieur. Toutes ces pseudo-attaques, habilement claironnées, faisaient rage. L'axiome était posé : la « Turquie régénérée », la Turquie anatolienne, n'avait rien de commun avec les Jeunes-Turcs, ceux-ci n'ayant fait rien moins que trahir l'idée même de la Révolution de 1908. Ils avaient commis tous les péchés et entassé crimes sur crimes. Et les nouvelles les plus fantaisistes de circuler. Enver prétendait, soi-disant, renverser le Gouvernement kémaliste. N'avait-il pas envoyé à cet effet des agents en Anatolie, essayé de soulever les populations, conçu le dessein hardi de fonder un parti composé de représentants populaires, un parti bien à lui?... Mustapha Kémal refusait, bien entendu, d'accepter la collaboration d'Enver ainsi que celle de l'ami d'Enver, Djemal Pacha, commandant de l'Armée de la Palestine, pendant la guerre mondiale. Bien mieux, Kémal, se voyant dans la nécessité de sévir, recrutait hâtivement une police chargée de poursuivre les agents d'Enver.

Le mouvement kémaliste, ainsi présenté pouvait à la rigueur être accepté par l'Europe comme étant « le moindre mal »; bien mieux, il risquait de s'attirer des sympathies sinon immédiates du moins sournoisement escomptées et fermement espérées d'avance, par Kémal.

Cependant, entre Enver et Kémal, — les faits sont là qui le prouvent — il n'y eut jamais que des différends personnels. Ils datent de 1908 et revêtent un caractère aigu pendant la durée de la grande guerre (1).

En voici l'historique : Parmi les camarades et collègues d'Enver il y avait quelque mécontents. Ils avaient réussi à constituer, pendant la grande guerre, un groupe politique dont les mobiles personnels se dérobaient derrière un programme nationaliste intransigeant. Le chef politique de ce groupe était le Président de la Chambre turque, Achmet Riza bey et le chef militaire, l'ex-aide de camp d'Enver, Yacoub Djemil. Kémal, commandant alors d'un corps d'armée, aux Dardanelles, en faisait partie. Le mouvement se dirigeait surtout contre Enver à qui on reprochait d'avoir trahi les principes nationalistes de la révolution jeune-turque. Cependant les ennemis d'Enver ne tardèrent pas à être découverts. Yacoub Djemil fut pris

(1) Il est vrai qu'entre les adeptes d'Enver et de Kémal à Angora, il y eut bien des incidents. Mais ils étaient de nature purement personnelle et avaient lieu dans un cercle relativement restreint.

et immédiatement fusillé. Kémal aurait eu le même sort sans l'intervention personnelle de Liman Von Sanders qui le considérait « comme un des meilleurs éléments capables de maintenir les traditions de l'esprit allemand dans l'armée turque ».

Une punition légère fut infligée cependant à Kémal. Il alla la purger sur le front de la Mésopotamie, d'où il revint, très vite d'ailleurs, Liman Von Sanders ayant exigé son retour.

Après l'assassinat de leur chef Yacoub, ses adeptes connus sous le nom de « Yacoub-Djemililer », jurèrent de le venger. Dès cette époque date l'animosité de Kémal contre Enver, animosité que la propagande kémaliste s'efforça de présenter comme découlant fatalement du choc de deux régimes différents et complètement étrangers l'un à l'autre.

Mais au fond, les kémalistes et les Jeunes Turcs sont bien d'une seule et même essence : la plupar des hommes d'Angora sont des anciens membres du Comité « Union et Progrès » et ce sont bien eux, qui, pendant la guerre mondiale, ont déployé une activité néfaste. Les cadres de tous les services publics d'Angora, surtout ceux de l'armée, sont recrutés parmi les Jeunes-Turcs. Les membres du Gouvernement sont, pour la plupart, des Jeunes-Turcs : le président du parti de la Défense nationale, fondé récemment par Kémal lui-même, est Serif bey, l'homme de confiance de Talaat, et le bourreau de milliers d'Arméniens. Il est actuellement, et pour ainsi dire, le pivot du gouvernement d'Angora. La plupart des membres de l'Assemblée d'Angora sont des personnalités qui se sont plus ou moins distinguées depuis 1908. Tous ceux de Jeunes-Turcs qui, reconnus comme coupables, ont été expédiés et retenus à Malte, se trouvent aujourd'hui à Angora.

Ils y travaillent en première ligne. C'est ainsi que l'ex-ministre des Finances, Djachid bey devint la main droite de Bekir Sami à la Conférence de Londres. Il s'en est fallu de peu pour qu'il retrouve son poste d'autrefois auprès du Gouvernement actuel. Younous Nadi bey, qui fit aussi partie de la mission Bekir Sami, à Londres, est aussi un des coryphées de l'Unionisme; ancien rédacteur au *Malumat,* et député de Smyrne, il dirige, actuellement, la *Yeni Guioun,* le principal organe kémaliste. Le célèbre « Père » du néoturquisme, le Dr Zia Nour, est le conseiller particulier de Youssouf Kémal, ministre des Affaires étrangères. Il se trouve en mouvement perpétuel, car c'est lui qui est chargé de la transmission des lettres confidentielles fréquemment échangées entre Moscou et Angora. Achmet Nessimi bey, ministre des Affaires étrangères sous le ministère Talaat, se trouve, aussi, parmi les ministres éligibles d'Angora. Samy Bey, après avoir figuré à Malte, parmi les coupables de la guerre, dirige maintenant le service des postes et télégraphes de l'Etat d'Angora. Hadji Adil bey, qui présida la première Chambre turque, vient de se rendre à Angora où il est appelé à occuper un poste de confiance. Enfin l'homme qui dirige la politique extérieure, le fameux Youssouf Kémal, est aussi une des sommités de l'ancien Comité « Union et Progrès ». Ex-député de la première Chambre turque, aussitôt après la Révolution de 1908, il fut l'un des plus ardents défenseurs de l'idée de l'entrée de la Turquie en guerre, aux côtés de l'Allemagne. En général, il n'y a pas de poste important à Angora qui ne soit occupé par un ancien membre influent du Comité « Union et Progrès »; et, tous plus ou moins ont leur part de culpabilité dans l'aventure courue par la Turquie, pendant la guerre mondiale (1).

(1) Voici ce que disait, sur ce thème, Hakki Halid bey, le publiciste turc bien connu, dans l'*Alemdar* de Constantinople, du 27 mai 1921 :

« A Angora aussi, les partisans de Yacoub Djémil furent vaincus par les compères d'Enver, de Djémal et de Djavid qui collaborent avec les Bolchéviks. Le programme de cette défaite avait été élaboré à Berlin lors du vivant de Talaat et la réalisation de ce programme avait été en Europe... confiée à Djavid.

. . . .

Djavid est allé de Berlin en Suisse et, profitant du terrain qui y avait été préparé par notre ancien ambassadeur, le nationaliste égyptien Sélim Fouad bey, il gagna nombre de personnes à sa cause, retrouva la position sociale qu'il avait perdue et fit oublier à tout le monde sa condamnation à quinze ans.

Il s'entoura ainsi d'un grand nombre de personnalités et annonça au monde entier sa collaboration avec Ahmed Riza, le Dr Nihad Réchad, Djâmi, Ahmed Djevdet bey (pro-

L'identification de ces deux partis — kémalistes et Jeunes-Turcs — ressort encore davantage, quand on pénètre le caractère même de l'Assemblée Nationale : Toutes les fois que la situation devient critique, le nationalisme irréductible d'Angora, s'appuyant sur les éléments jeunes-turcs, prend toujours le dessus. Exemple la réunion bruyante et historique du 9 juin, pendant laquelle toujours ce même nationalisme remporte sa plus grande victoire. Elle consiste à rejeter les accords stipulés à Londres et conclu entre Békir Sami bey et MM. Briand et Sforza. Tout le néoturquisme coupable se range, avec toutes ses forces, aux côtés de Kémal. N'est-il pas, pour ainsi dire, la chair de sa chair ?

De même, la réunion annuelle du parti jeune-turc qui, en février 1921, s'est tenu à Lausanne, se prononça entièrement et sans exception aucune en faveur de Kémal. Tous ses membres prirent la résolution d'appuyer le mouvement kémaliste, de toutes leurs forces. Enfin nous avons l'aveu de Mustapha Kémal lui-même. Dans une déclaration faite au correspondant de l'*Associated Press*, il

---

priétaire de l'*Ikaam*) Hussein Hilmi pacha (« *ancien* » ambassadeur à Vienne) et Mahmoud Moukhtar pacha (« *ancien* » ambassadeur à Berlin). Et de cette façon, notre « sarraf » (banquier-changeur) se rendit à même de jouer un nouveau rôle auprès des institutions financières et de se mêler avec compétence des affaires économiques de la Turquie. En un mot, il réussit à s'imposer (*sic*).

En donnant tous ces détails des agissements de Djavid, nous n'avons voulu que prouver sa collaboration avec Enver, Djémal, Kara Kémal et surtout avec le Dr Nazim.

n'hésita pas de faire les confidences suivantes : « La Turquie aux Turcs, voilà la devise qui *fut jadis la doctrine des unionistes les plus exaltés;* elle est encore celle des nationalistes d'aujourd'hui. » C'était affirmer, une fois de plus, que la Turquie nationaliste était inspirée de mêmes principes que le parti jeune-turc.

Il s'ensuit que nationalistes et Jeunes-Turcs sont identiquement pareils. Distincts, quant aux apparences et se faisant presque la guerre, ils trompent les Alliés et servent, dirigés par Moscou et Berlin, les projets germano-bolchevistes. Seule, la mise en pratique des moyens à employer diffère et se fait sous des étiquettes différentes.

Ainsi Mustapha Kémal est utilisé en Anatolie où le besoin d'hommes jeunes se fait sentir. Enver et Djemal, compromis aux yeux des Alliés et très mal vus en Turquie officielle, ne peuvent déployer leur activité qu'auprès des populations musulmanes du Caucase, parmi lesquelles ils jouissent encore d'un certain prestige. Djemal agit dans l'Afganistan. C'est l'homme de confiance d'Enver. Grâce à son activité, un traité vient d'être signé entre l'Afganistan et Angora. L'action de Djemal s'étend jusqu'aux frontières des Indes. Enver sert de liaison entre Moscou et Berlin, où il est très apprécié parmi ses anciens camarades de l'Académie de guerre de Postdam. Il sait d'ailleurs parfaitement les utiliser au profit de ceux dont il dépend. C'est Enver qui achète les armes, les munitions, les médicaments, etc. C'est à lui qu'incombe la tâche de recruter en Allemagne les officiers et les techniciens dont l'armée de Kémal a besoin. Et le tout s'achemine, via Italie, vers Angora. Enver est aussi « personna gratissima » des représentants des peuples, à Moscou. La crise du logement ne l'empêche point d'avoir son appartement particulier à l'Hôtel Métropole, un des plus aristocratiques de Moscou.

Son appartement sert d'ailleurs de lieu de rendez-vous à tous les agents d'Angora. Ceux-ci vont et viennent faisant fréquemment le trajet entre Angora et Moscou, Moscou et Berlin. Toutefois, si l'un de ces personnages a besoin de s'en aller à Berlin, il doit comparaître devant Enver qui le munit des lettres de recommandation. Et toutes les portes de s'ouvrir en Allemagne devant l'émissaire d'Enver. Le ministre des Affaires étrangères actuel, pendant qu'il se trouvait à Moscou, en tant que représentant du gouvernement d'Angora, était un des habitués du « Métropole Hôtel ». Son successeur eu le même honneur.

Aucune rencontre n'est permise entre les personnages d'Angora et le Gouvernement des Soviets sans qu'Enver soit présent. Quelquefois, un de ses hommes de confiance le remplace. De sorte qu'on peut dire, que le meilleur des collaborateurs de Kémal est, sans aucun doute, Enver. C'est, en tout cas, celui qui se « remue » le plus. C'est d'ailleurs assez naturel, car malgré leurs différends personnels, Enver et Kémal servent le même « patron ».

S'il est besoin d'autres preuves, en voici une évidente dans la feuille officieuse, la *Deutsche Allgemeine Zeitung*. Ce journal, s'emparant d'une nouvelle lancée par le *Daily Mail* annonçant que Mustapha Kémal a, soi-disant, découvert un complot organisé par Enver, s'attaque violemment à « cette agitation » qui vise, dit le journal, à faire naître à Angora des soupçons contre Enver, à produire une fissure dans l'armée turque alors que celle-ci se trouve à la veille du déclanchement de l'offensive grecque. Puis, toujours la même feuille, s'appropriant l'opinion de *Near East* de Londres, insiste en disant : « Il n'y a, quand au fond *aucune différence* de conceptions entre les Jeunes-Turcs qui sont partis en exil, après le désastre de 1918, et le Gouvernement d'Angora. » Et pour fournir une preuve finale et définitive, il ne manque pas de faire allusion au Traité d'alliance signé entre Angora et l'Afganistan (1).

Par conséquent, les hommes qui dominent actuellement à Angora sont les mêmes que ceux qui ont entraîné la Turquie dans la guerre contre les puissances de l'Entente. Et ceux qui ne sont pas des Jeunes-Turcs, les soi-disant « Extrémistes » sont encore plus dangereux. Ils l'ont

(1) *Deutsche Allgemeine Zeitung*, 29 juin 1921.

montré plus d'une fois, à Londres notamment lorsqu'il s'est agi de signer l'accord conclu entre eux, l'Italie et la France, quand il fut question de mettre en liberté les officiers britanniques retenus comme prisonniers de guerre par les Kémalistes et, enfin, au sujet des pourparlers qui eurent lieu avec le général Harrington.

Les hommes d'Angora savent exploiter merveilleusement la bonne foi des Alliés et employer à bonne fin et suivant les circonstances les Rechad, Djelaleddin, Bekir Sami et *tutti quanti* beys. La Turquie de 1914 n'agit-elle pas de même ? Les « francophiles » Djavid et Djemal ont su parfaitement soutirer l'argent français dont la Turquie se servit pour faire la guerre contre les Alliés, aux côtés de l'Allemagne.

CHAPITRE II

Berlin — Angora — Moscou

(Angora n'est qu'une succursale de Moscou et de Berlin, en Orient. Elle suit fidèlement leurs prescriptions, se meut et agit suivant leurs directives. Instrument docile autant qu'efficace, elle ne fait que servir le plan germano-bolcheviste.)

L'ignorance, presque complète, dans laquelle se trouve l'Europe en ce qui concerne les affaires d'Orient et particulièrement celles d'Angora, explique suffisamment le fait, surprenant quant aux apparences, que des hommes d'une valeur indiscutable, défendent actuellement, avec une opiniâtreté, digne d'une meilleure cause, le programme des *Kémalistes.*

La presse, les gouvernements européens eux-mêmes se sont laissés induire en erreur par les assurances réitérées, intéressées et tendancieuses de différents agents venant soit de Moscou, soit de Berlin et lancés, par l'intermédiaire d'Angora, à travers les capitales européennes. Si bien que, l'opinion publique, facile à émouvoir, croit que les gens d'Angora sont des patriotes sincères qui ne font que se défendre afin de conserver leurs libertés nationales.

Cependant, jamais encore la bonne foi de l'Europe n'a été aussi ridiculement exploitée, jamais encore l'opinion publique européenne n'est tombée victime d'une erreur aussi monstrueuse. Il est vrai que, jamais aussi intrigues politiques n'eurent un champ d'action aussi vaste, un jeu aussi facile, et, partant, des résultats aussi favorables.

Il nous semble avoir suffisamment démontré, dans les chapitres précédents, ce que cache réellement toute cette agitation nationaliste dont motifs et mobiles semblent partir d'Angora. La capitale kémaliste n'est qu'une façade habilement construite et qui, sous la forme simple d'un nationalisme intransigeant, est destinée à masquer les rêves dominateurs et les conceptions dévastatrices du bolchevisme et de l'impérialisme allemand. Angora n'existait pas, le nationalisme non plus; mais Berlin et Moscou surent habilement se servir de l'ambition démesurée d'une poignée d'arrivistes et exploiter magistralement les fautes commises par l'Entente. Bolchevisme et impérialisme allemand se donnèrent fraternellement la main, et les mêmes hommes qui, en 1914, conduisaient triomphalement la Turquie et la plaçaient cyniquement aux côtés de l'Allemagne, parurent de nouveau en scène. Angora s'agita et Moscou et Berlin se jurèrent d'alimenter cette agitation. Abondamment pourvus d'argent, munis d'ordres précis et pourvus d'un programme dont chaque ligne avait été arrêtée d'avance, des agents, particulièrement habiles, visitèrent les capitales européennes; ils s'y installèrent et particulièrement en

France. La bonne foi et l'ignorance du grand public ainsi que les intérêts financiers où autres de certains milieux furent merveilleusement exploités. Saisissant toutes les occasions, profitant des divergences naissant entre les Alliés d'hier, ils cherchèrent à les multiplier, à les amplifier, à les *canaliser* dans le sens de leurs intérêts.

C'est ainsi qu'une atmosphère de sympathie, d'amitié presque, naissait en Europe et se développait, lentement mais sûrement, en faveur des Kémalistes : la cause germano-bolcheviste était merveilleusement servie.

a) Berlin-Angora

Jamais l'influence allemande ni l'intrigue germanique n'ont été plus à leur aise qu'elles ne le sont actuellement à Angora, jamais, pas même à Constantinople, pendant la durée de la grande guerre. Elles règnent en maîtresses dans la capitale kémaliste et, malgré les distances, les communications étant faciles, des gens, connus pour la plupart pour leur activité néfaste dans le passé, vont et viennent entre Berlin et Angora, contribuant et veillant à ce que l'influence allemande, solidement implantée en Turquie, depuis 1870, loin de péricliter, y demeure et croisse. Tout ce qui, dans l'état kémaliste a un aspect, tant soit peu organisé, est un travail allemand.

Jetons un coup d'œil sur l'armée. Tous les services techniques de l'état-major sont occupés par des officiers allemands et de ceux, précisément, qui suivirent Mustapha Kémal, à Angora. Le lieutenant-colonel Widecke qui faisait partie de l'ancien état-major du général Liman von Sanders, le major Krauss assumant en même temps les fonctions de conseiller intime de Mustapha Kémal, le major Dreusen, le baron von Andretten et bien d'autres encore, sont installés à Angora. Toutes les usines, qui travaillent pour les besoins de l'armée, se trouvent placées sous la direction ou la surveillance directes d'ingénieurs allemands.

Les fortifications de Kutahia et d'Eski-Chéir, travaux de défense absolument modernes — contre lesquels les Grecs devaient fatalement se briser le nez — sont une œuvre entièrement allemande.

Et, lorsqu'après les premières victoires grecques il s'est agi de fortifier Angora, c'est encore à des spécialistes allemands que Kémal en remit le soin. Une usine d'aviation chargée de réparer les aéroplanes endommagés a été fondée dernièrement en dehors de la ville. C'est l'ingénieur allemand Engel Scheidemann, qui, pendant la guerre, assumait une haute fonction au Ministère de la Guerre à Constantinople, qui le dirige actuellement. Tous les moteurs d'aéros sont de provenance allemande ainsi que tout le matériel technique de l'armée kémaliste.

Et lorsque Kémal, se sentant des poussées artistiques, conçut l'idée de faire d'Angora une ville moderne, il en confia le soin à un architecte allemand de Budapest, et ce n'est pas sans fierté que les journaux allemands lancèrent la nouvelle, disant que ledit architecte se servirait de la ville de Berlin comme modèle de la cité à bâtir.

Presque tous les jours, des Allemands passant par Sofia ou l'Italie, arrivent à Angora, pourvus de faux passeports turcs octroyés par le consulat turc de Berlin.

Ainsi, les milieux pangermanistes de Berlin se trouvent constamment en contact avec les gens d'Angora. Entre Berlin et Sofia, le baron von Keller sert de liaison. En juin dernier, il quittait Berlin, emportant avec lui le plan de défense complet de l'armée kémaliste conçu par le général Liman von Sanders lui-même (1).

Berlin est, d'autre part, le centre principal de ravitaillement de l'armée kémaliste. Tout ce que Kémal ne trouve pas à Moscou ou ailleurs, il le cherche et le prend à Berlin. Placé sous le haut patronage d'Enver, un Comité, spécialement chargé des approvisionnements et du ravitaillement en

(1) S'en tenant strictement à cet aperçu, il est facile de se rendre compte de l'autorité avec laquelle l'ex-général de l'armée turque faisait allusion, dans un de ses articles paru récemment dans la *Vossische Zeitung* (Berlin), du 14 juin, à la situation « satisfaisante à tous les points de vue » de l'armée kémaliste. Les nouvelles qu'il en avait étaient, certainement, de date récente...

général, fonctionne à Berlin. Son action est très vaste, car il s'occupe, en même temps, du recrutement des officiers et des techniciens destinés à l'armée kémaliste. Ceux-ci sont généralement expédiés par l'Italie. Une agence générale est installée à Rome, composée d'un personnel mixte de Russes et de Turcs. D'autres agences, du même genre, fonctionnent à Gênes, à Naples et à Brindisi.

Ce même Comité expédiait récemment, en Suisse, un grand nombre de caisses ; elles contenaient les matériaux nécessaires à la fondation d'une imprimerie turque complète. La direction en a été confiée à Izet Bey, gendre de l'ex-consul de Turquie à Berlin, Zia Bey. Des brochures de propagande doivent y être imprimées. Elles sont destinées à être expédiées, puis répandues à Tunis, à Alger, au Maroc, en Egypte et dans les Indes.

Ce Comité se trouve, naturellement, en collaboration étroite avec d'autres comités et organisations allemandes s'occupant de propagande étrangère et, surtout, de celle qui se fait particulièrement et sous une forme révolutionnaire, parmi les populations musulmanes des colonies de l'Entente.

Indépendamment de ce Comité, une mission spéciale, partie d'Angora en avril dernier, s'installait à Berlin et se mettait en contact immédiat avec les organisations pangermanistes. Elle était chargée de s'occuper du service — fonctionnant déjà — de l'envoi à Angora, d'armes, de munitions, de matériel médical et chirurgical, d'instruments techniques, et tout particulièrement du recrutement des officiers et des techniciens nécessaires aux cadres de l'armée kémaliste. Le fonctionnement du service laissant à désirer, la mission, sollicita, lors de son passage à Moscou, l'appui de Tzizerine auprès de Berlin. Celui-ci envoya un émissaire chargé d'inspecter le service, et aussitôt, immédiatement après, un mouvement significatif s'opéra parmi les milieux allemands.

Le restant des cadres du Parti « *Vaterland's Partei* », fondé par l'amiral von Tirpitz — actuellement dissous — s'unissant à d'autres organisations allemandes fondaient la nouvelle association « de l'aide accordée à la Turquie luttant pour son Indépendance » (*Deutsches Hilfswerk für die Kaempfende Tuerkei*). Cette association eut l'honneur de recevoir, le jour de sa fondation, une lettre de félicitations d'Enver. En même temps et sur l'initiative d'Enver, une souscription s'ouvrait, toujours : « Für die Kæmpfende Tuerkei » et la Maison Krupp souscrivait pour la somme de 300.000 marks.

L'influence allemande, bien vivace, comme on le voit, s'exerce à Angora par l'intermédiaire d'un bureau allemand, installé à Angora même et humblement qualifié de *Deutsches Buero.* C'est surtout la section politique de ce bureau (*Politische*

Abteilung des deutschen Bueros in Angora) qui se charge de répandre l'influence allemande. Le bureau occupe un compartiment dans le « Palais » même du Gouvernement d'Angora où tous les ministères — sauf celui de la Guerre — sont groupés, chacun d'eux occupant une chambre !

Les hôtes d'Angora (correspondants et autres) qui, par leurs rapports erronés sur la situation, se chargent, de bonne foi d'ailleurs, de tromper l'opinion publique, ignorent ce bureau. Les hommes d'Angora n'ont aucun intérêt à le leur montrer. Mais rien ne se fait à Angora, sans que ce bureau en soit préalablement averti. C'est en somme une mission allemande qui, sous une autre forme, continue les intrigues de la Mission allemande officielle de Constantinople. Elle est toute puissante et aussi dangereuse.

b) Moscou - Angora

Quant à l'influence bolchéviste, s'exerçant à Angora sur une plus vaste échelle étant donné la part plus active prise par Moscou dans les affaires d'Angora point n'est besoin de la cacher aux yeux des non-initiés : Elle est absolue, elle est manifeste et les représentants de Moscou sont tout puissants à Angora. Ils surveillent et contrôlent le gouvernement de Kémal, dont les membres d'ailleurs ne sont point ministres mais simplement « *commissaires* ».

Il suffit de franchir le seuil du « Palais Gouvernemental » pour avoir une idée exacte de la situation. L'entresol est pris d'assaut par les bureaux de représentants, émissaires ou autres agents de Moscou. De sorte qu'il devient impossible d'y entrer et d'en sortir sans défiler sous l'œil vigilant du contrôle bolcheviste. L'influence bolcheviste s'étend sur tous les services de l'Etat. Rien ne se fait dans l'Etat kémaliste, surtout en ce qui concerne la politique extérieure, sans l'approbation de Moscou. D'ailleurs *cette* politique est *dictée* par Moscou. Nous avons pu le constater, maintes fois, pour ne parler que des pourparlers de Londres, du voyage du général Harrington et de la dernière mission de Bekir Samy Bey en Europe. En toutes circonstances, Moscou donne ses ordres ou bien oppose un *veto* catégorique. Le gouvernement de Kemal se trouve être prisonnier entre ses mains. Elle se mêle de tout et a la haute main sur tout (1).

Quant aux relations qui existent entre Angora et les agents du bolchevisme, elles sont des plus intimes. La mission bolcheviste, aussitôt son arrivée à Angora, y fut reçue avec de grands hon-

(1) Le nombre des agents qui travaillent dans l'Etat kémaliste est difficile à préciser. Cinq cents, approximativement, se trouvent à Angora. Quant aux représentants du Corps diplomatique, ils sont à peu près une centaine.

neurs. Mustapha Kémal alla la saluer, en personne. En toutes circonstances, un échange des lettres et des félicitations a lieu. Ainsi, lors de l'échec de la première offensive grecque, Natharanus, représentant du Gouvernement bolcheviste, félicitait les Turcs « d'avoir infligé une défaite à l'impérialisme occidental ». Il déclarait « que le prolétariat russe suivait, avec sympathie, la lutte engagée par les Turcs » et leur annonçait « la remise de trente mille roubles en or ». Bien entendu, Kémal répondait immédiatement, remerciant la Russie des Soviets « pour son acte de générosité *sublime* » et se déclarait persuadé « que les vœux bolchevistes porteraient bonheur aux armées turques ».

En mars dernier, Tsopitschef, commandant les « forces rouges » de Batoum expédiait au commandant du groupe turc de Tschourouksou, en souvenir d'une collaboration commune, un drapeau turc, tout neuf, accompagné de la lettre suivante :

« En souvenir de notre collaboration commune, à Batoum, je vous offre un drapeau turc. Veuillez l'accepter. Je considère comme un devoir de présenter à la Nation turque, ainsi qu'à la Grande Assemblée Nationale, à vos vaillants combattants et à vous-même l'expression de mes sentiments sincères. Je souhaite que la Nation Sœur (*sic*) remporte la dernière et décisive victoire et que la Turquie assure son unité nationale. »

L'intimité de rapports régnant entre Moscou et Angora se révèle d'une façon éclatante dans le traité signé entre les représentants des deux gouvernements, à Moscou, le 16 mars 1921. Ce traité qui, soit dit en passant, a été *dicté* aux représentants d'Angora, attèle, pour ainsi dire, Kémal au char de Moscou. (*Voir Annexe.*)

Toute combinaison politique avec une autre puissance que la Russie des Soviets est interdite au Gouvernement kémaliste. Angora est étroitement tenue sous le contrôle politique de Moscou : elle en dépend *rigoureusement*. Le premier article du traité est suffisamment explicite. « *Chacune des parties contractantes admet comme principe de ne reconnaître aucun traité de paix ni aucune autre obligation internationale qui lui serait imposée par la force.* »

Ce qui est caractéristique (en ce qui concerne le rôle joué par Angora dans les tendances réalistes de son mouvement) dans cette politique folle dont le pétrissage, pour ainsi dire, a lieu à Angora, c'est que les influences allemande et bolcheviste ne se heurtent pas, *ne se font pas la guerre*. Elle se complètent.

La raison en est très simple. Leurs intérêts ainsi que les buts poursuivis sont les mêmes. Afin de tirer le plus de profit possible des occasions qu'elles ont fait si habilement surgir et d'étendre davantage leur activité destructrice, elles se sont sagement partagé les divers champs d'action et, chacune, suivant ses propres intérêts.

C'est ainsi que les Allemands se conformant au plan préalablement adopté de créer le plus de difficultés possibles à l'Entente, s'intéressent surtout aux événements de Cilicie et de Mésopotamie. Ils vont jusqu'à y prendre une part active (1). Leur attention se porte encore, davantage si possible, sur les populations mulsumanes des colonies de l'Entente et en particulier sur celles du Maroc, de l'Egypte et de l'Algérie. Une foule d'émissaires, abondamment pourvus d'argent et de matériel de propagande, sont envoyés à tout instant, dans les pays musulmans de l'Afrique du Nord afin d'y prêcher l'Evangille « de l'affranchissement du joug des Infidèles » (2).

Quant aux bolchevistes, se conformant, eux aussi, à leur plan initial, ils s'occupent surtout des peuples menaçants et obscurs de l'Asie, puisque c'est l'Asie qui doit servir de champ d'action et de foyer d'agitation lorsqu'il s'agira de déployer leurs desseins de *bouleversement mondial.*

De nombreux comités, formés par les représen-

(1) D'après le journal turc d'Adana *Adana Postassi*, du 10 juillet 1921, des détachements français venant aux prises avec des bandes turco-arabes, près de Kirissi-Hané (Cilicie), firent prisonnier le nommé Heinrich Moser, officier allemand. Voir aussi sur ce sujet le livre du colonel Brémond : *La Cilicie en* 1919-1920, Paris 1921.

(2) M. Pierre de Mazière, envoyé spécial d'*Excelsior* à Constantinople, faisant allusion à la question qui nous occupe, signalait le danger qui découlait, particulièrement pour la France, de ces manœuvres germano-turques. Et, parlant du Maroc, il ajoutait très judicieusement : « C'est surtout cette région de notre Empire africain que nous aurions intérêt à ne pas quitter des yeux ».

tants des populations mulsumanes de tous les pays asiatiques, s'occupent d'y implanter leur propagande révolutionnaire, conformément, bien entendu, aux ordres de Moscou.

Le Gouvernement d'Angora ne fait que « prêter » le prestige qu'il exerce auprès de ces mêmes populations. Naturellement, le Gouvernement soviétiste a pris soin de s'assurer une pleine liberté d'action sur toutes les questions relatives aux buts poursuivis. Il donne à Mustapha Kémal l'argent et les munitions dont celui-ci a besoin afin de bien remplir le rôle qui lui est assigné. En revanche, Mustapha Kémal prête à Moscou ses « Senoussis », ses « Tzelebis », ses « Hodjas » et tous ses autres agents mulsumans. Et, ceux-ci, gratifiant de leur présence les centres de l'Asie et de l'Afrique aident Moscou à *bien faire.*

Que dire de Kémal et de son gouvernement ?

Une propagande habile essaye de les présenter aux yeux des étrangers comme luttant désespérément contre l'influence germano-bolcheviste qu'ils ne la subissent, disent-ils, qu'avec répugnance ! Rien n'est plus faux. Kémal et son gouvernement sont les apôtres les plus fervents du germano-bolchevisme. Ils le cultivent systématiquement. Une propagande active et dispo ant de tous les moyens s'occupe de propager l'influence germano-bolcheviste jusque dans le plus petit village de l'intérieur de l'Anatolie. D'ailleurs le kémalisme ne s'appuie-t-il pas, même à l'étranger, sur l'influence germano-bolcheviste?

La propagande à laquelle nous faisons allusion se sert d'arguments nombreux dont les principaux sont : l'Allemagne n'a pas été vaincue. La Russie et l'Allemagne alliant leurs efforts dans le but de soutenir la Turquie dans son désir de réinstauration de l'ancien Empire, renverseront l'impérialisme occidental.

Voici une partie d'une des nombreuses proclamations de Moustapha Kémal à ses soldats ; elle est caractéristique : « Le bolchevisme, est-il dit, cette puissance digne de respect nous a tendu une main secourable, et l'Allemagne, *qui n'a jamais été vaincue,* est toujours prête à nous secourir. Les bolchevistes, qui se sont liés à nous par la signature d'un Traité, ont conclu une alliance semblable avec l'Allemagne. »

DEUXIÈME PARTIE

LE MOUVEMENT KÉMALISTE ET LES ALLIÉS

CHAPITRE V

La Guerre « Nationaliste »

(La guerre « *nationaliste* » n'est qu'une lutte sourde des alliés germano-bolchevistes contre l'Entente. Le mouvement kémaliste, loin de se diriger contre la Grèce seule, ne subordonne pas son action uniquement à l'Hellade. Revêtant un caractère nettement xénophobe, il se tourne contre toutes les puissances de l'Entente et combat à la seule fin de les chasser définitivement de l'Anatolie et d'y annihiler leur influence. Eterniser la guerre en Orient, y implanter l'anarchie dissolvante et destructive, tel est le but que se sont fixé les germano-bolchevistes.)

Le mouvement kémaliste provenant, ainsi que nous venons de le démontrer, de causes nettement définies et desservant des desseins tracés d'avance avec précision et calcul, applique nécessairement une tactique conforme à ces buts. Il en résulte que ses mouvements sont définis et ses actions déterminées d'avance. On comprend, dès lors, combien l'idée d'une politique conciliante dominant d'ailleurs chez les Alliés à l'égard d'Angora, risque d'être erronnée et partant dangereuse.

Cette politique n'est pas l'œuvre des Alliés ; elle est une création artificieuse et machiavélique de la propagande kémaliste. Elle pivote autour du fait du débarquement des Grecs à Smyrne. Pour les Alliés elle en est la conséquence fatale et c'est pourquoi ils inclinent à croire que le mouvement kémaliste se tourne uniquement contre la Grèce. Ce disant, les puissances de l'Entente négligent de prendre en considération la grande envergure du mouvement kémaliste ; elles en ignorent les causes profondes, elles ne discernent pas les buts qu'il poursuit : *l'ensemble du plan germano-bolcheviste leur échappe.* L'Entente croit fermement qu'en sacrifiant l'Hellade aux appétits des hommes d'Angora elle s'assure les sympathies musulmanes et pose ainsi les bases d'une paix solide et définitive en Orient. D'autres avantages économiques et politiques sont escomptés, naturellement.

« Ce qu'il faut avant tout, écrit M. Louis Malfert dans *La Patrie,* c'est que nous conservions dans le monde de l'Islam l'aspect d'un pays protecteur. » (1)

« Nous avons un moyen de déjouer l'intrigue germano-bolcheviste et d'empêcher les Russes de Lénine de soulever l'Asie contre l'Europe », écrit un correspondant de *L'Information* de Constantinople. Ce moyen d'après lui est celui-ci : « Accord équitable et loyal avec Angora, c'est un coup décisif porté à la politique de Moscou, c'est la ruine

(1) *La Patrie,* 6 juillet 1921.

d'un vaste espoir conçu par nos ennemis » (1). C'est une grande faute qui ne fait que se répéter, hélas ! et rappelle d'une façon frappante les erreurs commises en politique, par l'Entente, en 1914 et 1915, vis-à-vis de la Turquie et de la Bulgarie. Elle réserve aux Alliés les mêmes surprises désagréables. Car c'est une chose impossible que d'être à la fois *protecteur et conquérant,* comme le sont plus ou moins les puissances de l'Entente, celles-ci ayant, comme chacun le sait, des *possessions coloniales* entièrement peuplées de musulmans.

Mais c'est précisément à cette utopie que l'intrigue germano-bolcheviste voudrait donner une forme. Elle désirerait que les Alliés l'adoptassent et qu'ils fissent, à leur détriment bien entendu, d'une illusion une réalité dangereuse. C'est pourquoi les germano-bolchevistes s'accordant à l'alimenter sournoisement et systématiquement l'intrigue kémaliste servent admirablement leurs buts.

La guerre contre la Grèce n'est pour les kémalistes qu'un *épisode* du grand drame monté de toutes pièces par Moscou et Berlin et qui a la mission tragique de susciter des troubles nouveaux en Occident. Mais l'Europe ne songe guère à prendre ses mesures, le temps passe et le mal empire.

---

(1) *L'Information,* 18 juillet 1921.

La guerre contre la Grèce marque le début d'une action militaire générale en Orient dirigée contre l'Occident. La Grèce en bénéficie la première. N'est-elle pas en Orient l'adversaire le plus redoutable ? Elle représente actuellement une force militaire suffisamment respectable pour entraver les desseins germano-bolchevistes et contrecarrer efficacement le plan de désorganisation mondiale provoqué par le soulèvement d'une Anatolie chaotique et encore à demi barbare. Les autres puissances occidentales suivront le sort de la Grèce les unes après les autres. Tous ces « ennemis », tous ces « infidèles » qui foulent la terre turque de la Cilicie, de la Syrie, de la Bithynie, de la Mésopotamie, de la Palestine, de l'Egypte, de l'Afrique du Nord et des Indes, seront expulsés, chassés définitivement. Toutes les questions se posent et s'agitent; le sort de Constantinople, des Détroits est discuté à nouveau (1) et il faudrait vraiment une très grande dose de naïveté pour douter du péril (2).

---

(1) Voici ce qu'on lit dans une proclamation de Mustapha Kémal qui, publiée le 4 juin 1921, circula par milliers d'exemplaires parmi le peuple turc : « L'Anatolie est décidée à gérer ses affaires comme le ferait un Gouvernement indépendant, et cela *jusqu'à l'évacuation complète de Constantinople par les puissances ennemies*... La lutte de l'Anatolie est si sacrée que *le foyer d'incendie allumé dans le monde musulman embrasera, dans le futur, tout l'horizon, assurant l'indépendance des Indes et de tous les pays musulmans* ».

(2) A propos de la crise ministérielle survenue à Angora en juin dernier le publiciste turc Hakki Halid bey écrivait dans l'*Alemdar*, journal turc de Constantinople : « Tout

L'audace des hommes d'Angora, encouragés qu'ils sont par la politique bienveillante de l'Entente, atteint de telles proportions qu'ils n'hésitent pas à exposer publiquement leurs desseins et d'affirmer leurs exigences avec un fanatisme sans bornes. Le fameux « *Pacte d'Erzeroum* » nous renseigne suffisamment sur le programme du Gouvernement d'Angora : *Indépendance complète économique et politique de la Turquie dans ses frontières nationales; affranchissement des peuples mulsumans de toute influence occidentale.* « La politique que nous suivons et que nous suivrons, déclarait le ministre des Affaires étrangères Youssouf Kémal, à la réunion secrète d'Angora du 27 juin 1921, dérive des principes adoptés par la Turquie et la nation entière à la Grande Assemblée Nationale. Nos revendications consistent à réclamer *l'indépendance complète de nos frontières nationales, notre* « self gouvernement » qui nous amènerait à nous développer *hors de toute influence étrangère.* Notre politique exté-

---

le monde a compris maintenant que « la question d'Angora » provient de la question de savoir s'il faut préférer l'Orient à l'Occident, c'est-à-dire de marcher d'accord avec les bolchevistes et les Enver, *non seulement contre les Grecs, mais contre le monde entier* ».

Dans le *Journal des Débats* du 19 juin 1921, M. Auguste Gauvain écrivait : « *Les Turcs d'Angora veulent l'expulsion de tous les étrangers* de ce qu'ils appellent leur pays. On croit ici les amadouer en chassant — comment ? — les Grecs de Smyrne. *Mais l'évacuation de Smyrne préparerait celle d'Alexandrette* ». *Ileri*, journal kémaliste de Constantinople (du 30 septembre), exposait encore mieux le problème : « Nous savons fort bien, disait-il, qu'*en chassant les Grecs nous n'assurons pas la paix en Orient* ».

rieure ne poursuit pas d'autre but que notre indépendance nationale. »

Ce que les kémalistes entendent par frontières nationales est suffisamment étendu; ils cherchent à remettre sur pied l'ancien Empire ottoman et cela *sur toutes les terres* qui, autrefois, se trouvaient sous le joug turc (1).

« Ennemis » ne sont pas seulement les Grecs mais *toutes les puissances* qui, avant la guerre, avaient des vues économiques sur les terres de l'Empire ottoman. Le mouvement kémaliste, disons-le une fois pour toutes, malgré les assu-

(1) Dans une série d'articles remarquables publiés dans le journal français de Constantinople *Le Bosphore*, M. de la Jonquière parlant, avec une connaissance parfaite du sujet, des revendications kémalistes, fait remarquer que ce point de vue *panturc* n'a pas manqué d'être soutenu même par les représentants de la Turquie officielle à la Délégation au Congrès de la Paix.

« Les Turcs, écrit-il dans le *Bosphore* du 1er juillet 1921, se posaient en victimes, cherchant à rejeter sur des causes fortuites, occasionnelles, les responsabilités d'une politique dont ils auraient largement profité si elle avait réussi. Ce n'était pas sur Smyrne seulement et sur Andrinople que portaient leurs revendications territoriales ; elles embrassaient toutes les contrées qui avaient fait partie de l'Empire Ottoman, avant la guerre... Au nom de principe des nationalités, ils ont réclamé le maintien de la souveraineté ottomane, non seulement sur la Thrace, l'Anatolie et l'Asie Mineure, mais sur tout le territoire au delà du Taurus et sur tous les pays arabes. »

« Les nationalistes, continue M. de la Jonquière, ont encore renchéri sur ce programme. Les imprudentes contre-propositions qu'ils ont adressée au Gouvernement français, à propos de la Cilicie, sont un coup de cloche avertisseur. N'affichent-ils pas la prétention que le Traité de Londres soit revisé, non moins que celui de Sèvres ! Ce n'est plus la Turquie d'avant 1914 à laquelle ils postulent ; c'est celle d'avant la guerre balkanique ! Pour un peu, ils prétendraient restaurer l'Empir de Suleïman-el-Kanoum. Voilà ce qu'ils entendent par *frontières nationales* .»

rances contraires et fallacieuses des agents d'Angora (1), a un caractère nettement xénophobe et intransigeant.

La haine contre les étrangers est générale. Il n'y a pas un pays allié qui n'ait sa part dans cette xénophobie de l'Etat kémaliste. Voici ce que dit de la France l'organe officiel du Gouvernement d'Angora, le *Hakimyeti-Millyé* du 20 mars 1921, c'est-à-dire dix jours après la signature de l'accord Briand-Bekir Sami :

— « En Orient, une Turquie solide est nécessaire !... Nous allons nous entendre avec les Turcs !... Les nationalistes d'Angora sont dans leur droit !... »

« Voilà, depuis trois mois, le refrain de la presse française !

« Laissons de côté ce que souffrent nos coreligionnaires arabes. Mais après les atrocités des troupes françaises qui firent rougir même les visages cuivrés des sauvages malgaches qu'elles amenèrent avec elles, après l'armistice, à Constantinople et en Cilicie, cette même presse avait craché sur nous, les Turcs, qui avons fait gagner à la France sa haute situation en Orient, des insultes avec lesquelles les journaux grecs eux-mêmes ne pouvaient rivaliser. Car ces anciens protégés de Soliman le Magnifique étaient venus en cette Turquie, qui leur avait ouvert, durant des siècles, sa bourse et son cœur, comme des pirates du Moyen Age.

« Il y a de ça huit mois, *Le Temps* a changé soudainement de langage. Nous avons commencé par nous en étonner. Comment ? Des paroles amicales d'un journal qui, durant la guerre balkanique, avec Tardieu, se dressa contre la Turquie et qui, au moment de l'armistice avec lès Alliés, poussa la turcophobie jusqu'à reléguer au second plan les affaires allemandes ?

(1) Voir les déclarations du représentant d'Angora, Dr Nihad Rechad bey, dans *Le Petit Parisien* du 1er juillet 1921.

« Mais avant de nous donner le temps de revenir de notre étonnement, *Le Temps* a changé de nouveau. A Spa on avait obtenu l'aide anglaise contre l'Allemagne. On pouvait revenir à la campagne pour le partage de la Turquie.

« Néanmoins, de temps à autre, nous ne sommes pas restés sans entendre quelques bonnes paroles. Mais ce peuple à double face (le peuple français!), pendant que d'un côté il faisait mine de vouloir nous ménager, de l'autre, il continuait son massacre des Turcs en Cilicie ! Nous avions raison de nous méfier de l'hypocrisie latine ! »

En voici pour l'Italie, toujours dans la même *Hakimyeti-Millyé* du 21 mars 1921 :

« Il n'est pas difficile de comprendre pourquoi nos hôtes italiens qui, jusqu'à présent, avaient eu, envers les Turcs, une politique pleine d'amabilités, auraient changé si soudainement de tactique : les Turcs ne se montrent pas enclins, à Londres, d'accepter les accords particuliers qui leur sont tendus par les Français et les Italiens, en échange de leur appui. Car les documents que veulent faire signer les deux sœurs latines avec mille gentillesses, en riant, en caressant et faisant mille promesses, ne sont autre chose que les mise au propre des articles du Traité de Sèvres touchant les intérêts français et italiens. Un peuple qui ne veut pas du Traité de Sèvres, ne peut naturellement pas accepter ses clauses favorisant les impérialismes français et italiens, en échange de cette « aide amicale ».

La détresse financière et la faiblesse militaire de l'Italie sont connues non seulement par nous, mais même par les tribus du Soudan !

Nous savons, comme tout le monde, que l'Italie, qui occupait la moitié de l'Albanie, a dû, il y a quelques mois, évacuer ce pays et reconnaître son indépendance, car quelques centaines d'Albanais avaient vite fait de jeter à la côte les quelques soldats italiens échappés à la démobilisation générale et forcée !

L'Italie n'a pas pu avoir Fiume qui était l'âme de sa lutte pendant la guerre mondiale, parce qu'elle n'avait pas la force militaire nécessaire pour sauver ce port.

plus de la moitié de la Dalmatie, car elle n'a pas de forces à opposer aux soldats que pourrait faire descendre ce nouvel Etat aux bords de l'Adriatique.

L'Italie n'a même pas pu satisfaire son irrédentisme...

L'Italie s'est contentée d'accorder l'autonomie à la Lybie, en réponse au soulèvement qui se dessinait en Afrique, car ses soldats, devant les attaques de quelques tribus, durent se réfugier sous la protection des canons des navires qui se trouvaient dans deux ports !

L'Italie, qui a dû démobiliser depuis longtemps sous la menace de la révolution, loin de s'aventurer à des expéditions lointaines, serait même incapable de défendre Rome en cas d'invasion !

Nous qui tenons tête à l'Angleterre sous le joug de laquelle l'Italie est obligée de s'incliner, et à la France qui a versé plusieurs divisions en Cilicie, comment pourrons-nous craindre les vaines fanfaronnades d'un gouvernement qui a dispersé son armée et dont la faiblesse militaire est incontestable.»

Quant à l'Angleterre elle est traitée d'une façon toute spéciale. Voici ce qu'en dit le journal kémaliste *Anatolou* d'Adalia, dans son numéro du 19 juin, du « booldog de la Manche » :

« L'Histoire a prouvé que les gouvernements absolutistes n'ont qu'un temps. Comme le monde et les Nations, nous attendons, nous aussi, ce qui ne peut manquer d'arriver à la Grande-Bretagne. Que peut-il arriver à l'Angleterre ? Lorsque les différents Etats qui se trouvent englobés dans l'Empire britannique parviendront à posséder des droits justes et égaux, c'est alors que l'heure de la catastrophe sonnera pour l'Angleterre. Aujourd'hui, les événements de l'Irlande, des Indes, de l'Egypte et de l'Irak, s'ils ont affaibli l'Angleterre, il ne faut pas oublier que, pour une grande nation, cet affaiblissement équivaut à un zéro. Car, si ces épisodes n'ont pas une fin heureuse, c'est-à-dire si les Indes, l'Irlande, l'Egypte et l'Irak ne portent pas un coup fatal à l'Angleterre en prenant en mains la gérance de leurs affaires, s'ils ne secouent pas irrévocablement le joug anglais, la tyrannie britannique continuera de régner. Mais si toutes les questions se règlent en faveur des pays soumis, la vie de l'Angleterre finira par se trouver dans une situation difficile. Si maîtresse soit-elle de l'Empire britannique et suzeraine des Empereurs indiens, elle s'engage tous les jours, et quoi qu'elle fasse, dans une situation de plus en plus difficile ! Espérons que le bon Dieu vous mettra à même de voir bientôt sa destruction définitive. — Inchalah ! »

Mustapha Fevzi Pacha, président du Conseil des Commissaires et commissaire de la Défense nationale, posait le problème d'une façon définitive dans les déclarations qu'il faisait devant l'Assemblée Nationale, après la crise ministérielle de juin dernier : « Nous continuerons, disait-il, la lutte jusqu'à ce que notre *Pacte National* ait été consacré par un *Traité international.* Bien qu'*une partie de nos ennemis* aient renoncé à une hostilité active contre notre pays, l'autre partie n'a pas encore suffisamment désarmé. » (1).

« Ennemis » se sont la France et l'Italie qui venaient à peine de conclure l'accord de Londres avec le représentant d'Angora, Bekir Sami !

« *Le rétablissement des relations amicales entre* l'*Anatolie, la France et l'Italie,* continuait Mustapha Fevzi Pacha, *n'est acceptable que dans la limite de nos frontières nationales.* » (Nous avons vu précédemment quelles étaient ces frontières nationales.)

Enfin : « Continuation de la guerre jusqu'à la

(1) *Le Bosphore*, de Constantinople, du 19 juin 1921.

réalisation intégrale des aspirations nationales, c'est-à-dire *jusqu'à ce que les ennemis qui occupent les territoires ottomans se décident à l'évacuer* », telle était la résolution prise par tous les partis de l'Assemblée nationale sans exception, condition ni réserve aucunes, lors des réunions historiques de juin dernier, pendant lesquelles les lignes de l'orientation politique d'Angora ont été définitivement tracées.

Dans le grand discours que Moustapha Kémal avait prononcé à cette occasion, il a défini ainsi la politique extérieure :

« De même que nous avons établi en Orient des relations des plus sincères et consciencieuses avec les Gouvernements d'Azerbaïdjan, de Caucase septentrionale et Afhganistan, nous avons pu réaliser, avec les populations musulmanes de Mésopotamie ET DE SYRIE, DES LIENS TRÈS INTIMES. Nous conservons ces liens qui *sont très précieux pour nous.* Nous avons aussi des relations avec la Perse et nous avons le ferme désir de les fortifier. »

Quant à ce qui concerne particulièrement la Cilicie, les vues kémalistes sont bien précises : L'évacuation sans conditions de la Cilicie leur semble toute naturelle; *elle s'impose* et ils en poursuivront l'exécution dès qu'ils en auront fini avec les Grecs, dès que « l'os dur sera rongé ! » (1).

(1) A. Gauvain écrivait dans ce sens dans le *Journal des Débats du* 9 octobre 1921 :

« Il est vrai que, trop occupés pour le moment avec les Grecs, les Kémalistes se tiennent tranquilles sur le front cilicien. Mais ils sont bien résolus à reprendre l'offensive de ce côté si nous ne capitulor : pas préalablement entre leurs mains. Ils ont appelé Aïn-Tab le « Verdun turc ».

« A vrai dire, disait Mouktar Bey, ministre par interim des Affaires étrangères, à l'« envoyé de presse » Allaedine Haidar, envoyé expressément à Angora par une association purement turcophile, nous ne savons pas ce que les Français sont venus y chercher. Depuis des mois ils versent leur sang pour la conquête des territoires purement turcs et qui ne leur sont même pas cédés par le Traité de Versailles. Pour ce qu'ils ont entrepris en Syrie, je ne saurai que dire, mais pour la Cilicie, là, nous sommes chez nous.

« En Cilicie, *comme ailleurs*, notre dernier mot est le suivant : La fixation des frontières est, avant tout, une question ethnique, et, en second lieu, une question de débouché sur la mer. Il ne doit, dans aucun cas, revêtir la forme d'un arrangement avec les convoitises des capitalistes d'Occident... C'est à ce titre que nous revendiquons et continuerons à revendiquer jusqu'au triomphe de la justice, nos droits imprescriptibles sur la Thrace, Smyrne et Adana. » (1).

Un voyageur arrivé d'Angora et qui n'était autre qu'un personnage important du gouvernement kémaliste, bien au courant de la pensée des hommes d'Angora, faisait, sur ce thème, les déclarations suivantes, publiées dans le *Journal d'Orient* paraissant à Constantinople :

« On est convaincu (à Angora) que la question de la Cilicie pourra être solutionnée à condition que les amendements exigés par les intérêts nationaux soient acceptés. La grande Assemblée nationale désirerait que les régions habitées par une majorité turque écrasante soient laissées au gouvernement sans condition ni restriction aucunes... En outre, le Gouvernement est animé de la ferme volonté de s'émanciper de toute servitude économique. Par conséquent, la demande d'un secours économique ou son acceptation ne se pose pas... » (2).

(1) Alaeddine Haïdar : « A Angora auprès de Moustapha Kémal ». Edition France-Orient, Paris.

(2) *Journal d'Orient*, du 31 mai 1921.

Croire, après ce qui vient d'être exposé, qu'il serait possible de trouver un moyen d'entente quelconque sur la question de Cilicie sans se soumettre aux conditions nettement posées par les kémalistes (évacuation de la Cilicie par les troupes françaises) serait se faire les plus grandes illusions. Berlin s'occupe de la Cilicie... Berlin a tout intérêt à faire surgir devant les Français toutes sortes de difficultés. Il s'agit pour l'Allemagne de distraire une partie des troupes françaises, de les éloigner du Rhin et de les occuper, là-bas, en pays lointain...

« Au point de vue français, écrivait l'organe officiel du Gouvernement d'Angora *Hakimyeti-Milliyé,* le 20 mars 1921, évacuation de la Cilicie veut dire la possibilité d'envoyer sur le Rhin les troupes qui sont occupées par nous, sans que les intérêts français, dans cette contrée, subissent le moindre préjudice et sans que les droits turcs y reçoivent la moindre consolidation. »

On peut être absolument certain qu'Angora, même si elle le voulait, ne pourrait laisser la Cilicie aux Français, malgré les tendresses largement prodiguées par une partie de la presse française.

Celui qui en douterait n'aurait qu'à considérer le sort misérable qu'attendait l'accord Briand-Bekir Sami aussitôt que celui-ci vit le jour. Cet accord, présenté par les agents d'Angora comme un grand succès de la politique *kémalophile* d'une part (en ce qui concerne la France) et *ententophile* de l'autre (en ce qui regarde Angora) n'est pour l'Assemblée Nationale qu'un « *piège* », une « *tromperie* » de la « perfidie latine » !... Indignée, l'Assemblée Nationale fit le geste superbe de le rejeter avec fracas et elle chargea le Gouvernement de formuler ses contre-propositions (1).

---

(1) Voici les commentaires de *Hakimyeti Milliyé,* du 20 mars 1921 où l'organe officiel du Gouvernement kémaliste s'attaquait brutalement — quelle ironie ! — au *Temps* en faisant des allusions ironiques à ses sentiments kémalophiles :

« La nécessité d'une entente solide avec les Turcs et de la reconnaissance de leur droit à la vie, fût répétée avec une telle insistance, que parmi nous commençait à s'éveiller une tendance à croire à la sincérité de ses paroles. En lisant maintenant les termes de l'accord sur la Cilicie, tels qu'ils furent proposés par M. Briand à nos délégués à Londres, nous voyons que *la France a voulu nous tromper une fois de plus.*

« D'abord, la France nous demande un armistice ; pourquoi pas une paix !

« Ensuite, la France veut contrôler la ligne ferrée ; de quel droit ?

« Et puis, la France veut monopoliser toutes les richesses de la Cilicie ; pourquoi ?

« Voilà l'accord franco-turc chanté depuis deux mois par les politiciens français ! A certains marchés se trouvent des courtiers marrons. On les évite de crainte d'être dupé. Mais eux s'acharnent après vous, vous invitent avec mille assurances, mille bons mots, mille flatteries, à jeter un regard sur ce qu'ils offrent. Par hasard, si vous vous laissez entraîner à leur comptoir, ils commencent par se lamenter, ils vous assurent de vendre à perte, etc. Mais tout cela est faux et il se cache dessous un truc ou une escroquerie !

« Les Français dans leur politique, ressemblent à ces courtiers marrons. Depuis trois mois leur presse et leur politiciens sèment des louanges sur nous. Gouraud, Leygues Briand... ont tous déclarés vouloir s'entendre avec les Turcs. Regardons maintenant le fond de cette littérature : En Cilicie des atrocités et des cupidités sans fin... continuation de

Ces contre-propositions constituent un document caractéristique de la mentalité audacieuse des hommes d'Angora; elles éclairent en même temps suffisamment ceux que des preuves, indiscutables cependant, n'arrivent pas à convaincre entièrement. Les voici :

I. — *Conditions militaires*

1° Les hostilités pourront être reprises à tout moment; suppression du préavis d'un mois stipulé à Londres;

2° L'échange des prisonniers ne sera pas immédiat. (Suivant la tactique bolcheviste les prisonniers tombés entre les mains des kémalistes pourraient servir d'otages);

3° Pas de désarmement de la population;

4° L'évacuation par les troupes françaises des territoires attribués à la Turquie s'accomplira, suivant les régions, dans un délai de quinze jours et de huit jours, au lieu de deux mois et de un mois;

5° Il n'y aura que dix-huit jours d'intervalle entre le départ des troupes françaises et l'arrivée des troupes turques;

l'armement et de l'excitation des Arméniens. L'impérialisme en pleine floraison !

« *Dans ces conditions, il n'y a aucune possibilité d'accord avec les Français. Laissons la France ajouter, au péril allemand, le péril turc !* »

6° L'amnistie ne sera proclamée qu'à l'arrivée des troupes turques (c'est dire que pendant l'intervalle de quarante-huit heures toutes les représailles seront possibles);

7° Aucune communication n'est assurée entre Ourfa et Alexandrette;

II. — *Conditions d'ordre permanent.*

8° Aucune garantie de sécurité n'est accordée aux populations;

9° *Aucune garantie n'est accordée aux écoles françaises;*

10° La France n'aura pas à intervenir dans l'organisation de la *police en Cilicie;*

III. — *Conditions territoriales.*

11° *Suppression de la zone économique attribuée à la France.* Les avantages accordés à la France seront énumérés dans une lettre;

12° Aucune zone d'occupation intermédiaire n'existera entre la frontière turque et la Syrie;

13° Modification de frontière faisant entrer toute la ligne de Bagdad en territoire turc *et mettant la limite turque à une portée de canon d'Alexandrette.*

De plus, la France s'engagerait à soutenir auprès

de ses alliés toutes les revendications territoriales, politiques et économiques de la Turquie ! (1).

Comme on le voit il était impossible que ces contre-propositions fussent plus modérées ni plus raisonnables ! (2).

Les faits que nous venons d'exposer sont tellement significatifs qu'on pourrait s'étonner qu'il y ait encore des gens, et qui croient en ce qui concerne la France, qu'une entente avec les kémalistes, au sujet de la Cilicie, soit possible, sans une capitulation complète de sa part.

---

(1) Le journal kemaliste *Vakit*, de Constantinople, du 29 mai, analysant la pensée qui inspira ce document, écrivait les choses caractéristiques suivantes :

« Les Turcs qui veulent conclure la paix avec la France devraient considérer que, dans la lutte que mène la Turquie pour son existence, tout en signant un accord relatif aux frontières du Sud avec la France, elle voudrait que cette dernière laissât voir en même temps sa façon de penser sur les questions de Smyrne, de la Thrace, de Constantinople et des Détroits... En effet, si actuellement Angora n'opposant pas de résistance relative aux frontières de la Cilicie et de la Syrie, acceptait l'accord dans son ensemble, il resterait encore bien d'autres questions pendantes au point de vue de la paix générale. Une fois la paix réalisée sur nos frontières du Sud, les problèmes de Smyrne, de la Thrace, de Constantinople et des Détroits resteraient quand même insolubles. Ceci revient à dire qu'une entente qui ne servirait qu'à pacifier les frontières de la Cilicie et de la Syrie ne constituerait pas une mesure définitive en vue du règlement général. La paix ne serait pas, encore une fois, entièrement rétablie. Pour que cela eut lieu, il faudrait que l'Entente devînt générale, qu'elle s'étendît et que les vues de tous les Alliés sur les questions de Smyrne, de la Thrace, de Constantinople et des Détroits arrivassent à se confondre. »

(2) Cependant, le Gouvernement d'Angora transmit ce document provocateur par l'entremise d'un émissaire spécial, Mouktar Bey, au général Gouraud lui-même. Le général français qui se trouvait à Adana, pria poliment Mouktar Bey de s'en retourner à Angora.

Les kémalistes n'intéressent leurs « patrons » les bolchevistes et les pangermanistes que parce qu'ils sont à même de leur servir d'instrument d'anarchie. Afin de les tenir, il est bien évident que les bolchevistes font valoir aux yeux des kémalistes des buts assurant une action révolutionnaire continue. Car, quelle serait la valeur d'une lutte turque entreprise contre la Grèce seule, pour les agitateurs de Moscou et de Berlin ?

Elle n'aurait qu'un intérêt restreint et partant négligeable. C'est pourquoi le programme nationaliste exalté d'Angora, les revendications folles des kémalistes et les conditions fantastiques qu'à chaque occasion ils ne cessent de faire valoir, ne sont point des choses dues au hasard; elles ne sont pas des constructions d'une imagination patriotique maladive, ainsi que le croient naïvement des gens de bonne foi en Europe. Ce sont des points de vue nettement envisagés, des résolutions fermement prises; le plus préconçu doit être réalisé coûte que coûte; le foyer d'incendie allumé en Anatolie doit être conservé à tout prix. Lorsque les représentants de Moscou imposaient au Congrès d'Erzeroum, aux « représentants des peuples d'Orient », le fameux « Pacte », ils savaient ce qu'ils faisaient. Par l'intermédiaire du mouvement kémaliste, l'Orient déchaînait la guerre contre l'Occident. C'était ce que les germano-bolchevistes attendaient.

La politique militaire d'Angora est un exercice

de longue haleine puisqu'il doit persister jusqu'au rétablissement intégral de l'Etat turc dans ses frontières nationales et jusqu'à l'affranchissement économique complet et définitif de l'Anatolie des puisances occidentales, qui assurerait l'anarchie dans le proche Orient tant que cela serait nécessaire à l'agitation germano-bolcheviste.

CHAPITRE VI

La Tactique kémaliste

ou

La comédie des négociations d'Angora

(La tactique kémaliste basée sur la veulerie et la ruse est purement opportuniste. Gagner du temps, c'est le but de ceux qui l'appliquent en même temps que celui d'écarter à tout prix le danger redouté d'une réaction collective de la part des alliés. Ils arrivent ainsi à prolonger, en Anatolie, une situation trouble et en tous points favorable aux buts poursuivis.)

La tactique kémaliste est très simple; elle consiste à gagner du temps et à réduire à néant une action d'ensemble qui risquerait de se produire si les puissances, par hasard, venaient à se mettre d'accord. Car les kémalistes redoutent, au plus haut degré, l'action commune des puissances vu qu'il leur serait impossible d'y faire face.

Cette tactique, simple quant aux apparences, est non moins simplement appliquée. Des sentiments d'amitié sont prodigués à l'infini à l'égard des Alliés et particulièrement la France, et, tandis que les kémalistes se montrent pondérés et conciliants d'une part, ils exploitent par ailleurs les sentiments de bienveillance largement témoignés de la part des puissances de l'Entente.

Le spectacle est assez bizarre : tandis qu'en Anatolie, un kémalisme intransigeant, se dressant en face des Alliés, revendique sauvagement ses droits, en Occident, ce même kémalisme, se faisant doux et docile, se montre imprégné d'un grand esprit de conciliation et affiche une aimable modération. Une dextérité étonnante caractérise ce double jeu d'Angora, depuis qu'il s'exerce (1).

Dans un grand discours prononcé devant l'Assemblée Nationale, après l'échec de la première offensive grecque à Eski-Chéir, Mustapha Kémal déclara cyniquement que la politique d'Angora vis-à-vis de l'Entente devait être à double face : « *Elle s'efforcera de garder le contact avec les Alliés, de temps à autre, bien entendu, et suivant les besoins imposés par les circonstances.* »

Les agents d'Angora résidant à l'étranger essayeront par tous les moyens, de convaincre les Alliés et l'opinion publique européenne (bien entendu en traitant chacun des intéressés à part et suivant ses propres intérêts), que l'Orient est le paradis rêvé pour le développement de leurs intérêts particuliers, qu'il suffit d'accorder leur appui au Gouvernement d'Angora pour que ces mêmes

(1) Dans le *Journal des Débats* du 19 juin 1921, M. A. Gauvain en fait la judicieuse remarque : « Les Turcs intransigeants à Angora, montrent une face souriante à l'Occident. Ils cherchent à gagner du temps, quoiqu'ils prétendent quasi ne faire qu'une bouchée de leurs ennemis, les Français compris ; ils nous dépêchent des gens chargés de nous déclarer qu'ils nous aiment, nous chérissent, et ne rêvent que de nous. »

intérêts prennent une extension considérable. Ces mêmes agents ne négligeront pas, bien entendu, aucune occasion pour étaler de leur mieux les intentions pacifiques et les dispositions conciliantes du Gouvernement d'Angora. Des articles, des télégrammes et des interviews répéteront à l'envie et à qui veut l'entendre ces promesses alléchantes. C'est ainsi que ces assurances trompeuses, masquant cependant tant d'arrière-pensées et dont les buts suffisamment clairs ne peuvent prêter à aucune équivoque, habilement semées et non moins favorablement accueillies, réussissent à égarer l'opinion publique et l'induisent en erreur.

Nous trouvons un exemple typique des ces « méthodes diplomatiques turques qui ont été si préjudiciables à l'Empire ottoman dans le passé » (1) dans les fameux accords conclus à Londres entre le représentant d'Angora, Bekir Sami Bey et MM. Briand et Sforza. Se conformant aux instructions reçues de Moscou et appuyé par ses agents et amis de l'étranger, le Gouvernement d'Angora — parmi eux le comte Sforza ne fut pas le moins empressé — réussit à se faire représenter officiellement à la Conférence interalliée, réunie à Londres en février dernier. Il s'agissait, comme on le sait, de prendre des résolutions fermes et de régler définitivement la question d'Orient. Qu'allait faire

(1) *The Times*, 9 juillet 1921.

Angora ? Ce que Moscou recherchait était évident. Il était de la plus haute importance, pour le Gouvernement des Soviets, que le mouvement kémaliste considéré comme insurrectionnel — par les puissances du moins — jusqu'alors, revêtit une forme régulière. Cette forme, seule l'admission officielle du représentant d'Angora, au sein même de la Conférence, était susceptible de la lui donner. Reconnu et admis effectivement par l'Entente, le principe révolutionnaire, l'essence même de l'Idée bolcheviste, acquérait le prestige qui lui était indispensable pour imposer son autorité aux populations musulmanes de l'Anatolie (1).

De plus, il s'agissait, pour Angora, de gagner du temps afin que ses préparatifs militaires pussent se compléter.

Du camp des « modérés », les kémalistes choisirent alors Bekir Sami Bey comme étant le plus *francophile.* Il fut immédiatement expédié à Londres pour représenter le Gouvernement d'Angora, cependant que Mustapha Kémal faisait donner au Gouvernement des Soviets des assurances verbales comme quoi les pourparlers entamés à Londres *n'aboutiraient à aucun résultat définitif,* celui déjà obtenu — l'admission officielle de son représentant à la Conférence — satisfaisant pleinement les besoins de son gouvernement. Et tan-

(1) Les journaux de Moscou traduisirent sous cette forme la réussite diplomatique d'Angora.

dis que la mission Bekir Sami partait pour Londres, une autre mission, celle de Youssouf Kémal — il revint après à Angora comme ministre des Affaires étrangères — prenait le chemin de Moscou. Quant à la mission Bekir Sami, Kémal lui adjoignait Younous Nadi Bey, un des Jeunes-Turcs des plus intransigeants, directeur de la « Yeni Gioun » et en qui Moscou avait complète confiance. Younous Nadi avait pour mission de contrôler les dires et actes de Bekir Sami et d'en informer tout aussitôt Moscou et les kémalistes.

Bekir Sami arrive donc à Londres. Il n'en croit pas ses yeux. L'atmosphère qu'il y trouve est très accueillante, voire même amicale. Bekir Sami, le comte Sforza et M. Briand entament les pourparlers. En homme fin qu'il est et en diplomate habile, Bekir Sami attache un sens tout particulier aux recommandations conciliatrices de Constantinople. Il va loin... il passe outre aux instructions reçues d'Angora. Avec le gouvernement de France et d'Italie, il est presque complètement d'accord. Quand brusquement l'Anatolie s'émeut, Younous Nadi va jusqu'à menacer Bekir Sami de le dénoncer à l'Assemblée Nationale. Coup de théâtre : Younous Nadi, furieux, quitte Londres. Angora réfléchit cependant; que risque-t-elle en laissant les pourparlers aller leur train? N'est-elle pas libre d'annuler l'accord une fois que celui-ci serait conclu ? Sans perdre de temps, Kémal fait donner à Moscou les promesses les plus rassurantes. Des émissaires spéciaux y sont expédiés sur-le-champ auprès de Lénine.

Mais l'affaire déplaît à Moscou, qui, conformément à ses intérêts, mettra les choses au point. Pour bien marquer son mécontentement, elle rappelle immédiatement son représentant d'Angora. Un envoyé spécial transmet à Angora les ordres de Moscou; l'accord conclu doit être annulé. Angora doit remettre le portefeuille du ministère des Affaires étrangères à un personnage en qui Moscou a pleine confiance. Moscou fait mieux : Youssouf Kémal, qui, depuis son arrivée à Moscou, a su gagner toute la confiance du Gouvernement des Soviets, est expédié, en toute hâte, à Angora. Il y porte un traité d'alliance complètement en règle. Devant les désirs de Moscou et ceux de Berlin, Angora n'a plus qu'à courber la tête. D'ailleurs même le « parti modéré » n'a plus besoin de l'Occident (1).

L'échec de la première offensive grecque d'Eski-Cheir venait à point et contribuait puissamment au succès de cette politique. Indignée, l'Assemblée Nationale désavouait tapageusement Bekir

(1) Le fait suivant caractérise, mieux que tout autre, la politique à double face d'Angora : Parmi les premiers qui demandèrent à Angora l'annulation de l'accord Briand-Bekir Sami, se trouvait aussi un des délégués kémalistes qui, à Londres, lors de la signature de ce même accord, disait à un collaborateur de *L'Eclair* : « C'est bien, c'est très bien, c'est un succès pour nous ! » (Voir *L'Eclair* du 2 juillet 1921.)

Sami (1). Le portefeuille du ministère des Affaires étrangères était confié à Youssouf Kémal, l'élu de Tchitcherine (2). Hélas !... Les accords si péniblement conclus devaient avoir le sort des roses... (3). Et tandis que la propagande kémaliste s'appli-

(1) L'Agence Stéphani, dont les sentiments vis-à-vis des hommes d'Angora ne sont point suspects, disait, dans un télégramme relatif à la question et lancé d'Angora même, que « le Parlement d'Angora a critiqué sévèrement la politique de Bekir Samy Bey concernant les arrangements qu'il avait conclus à Londres, Paris et Rome. »

(2) Quand Youssouf Kémal arriva à Angora, il y fut reçu avec les plus grands honneurs. La réception avait un caractère politique ; il s'agissait d'atténuer à Moscou l'impression pénible qu'y avaient produite les « événements *désagréables* de Londres » et d'amadouer Lénine. Aussi, Mustapha Kémal en personne, les ministres, le président de l'Assemblée Nationale, plusieurs généraux et officiers supérieurs, les députés, tout Angora se rendit officiellement à la gare pour y recevoir l'élu de Moscou.

(3) Voici comment le *Hakimyeti-Milliyé*, organe officiel du Gouvernement kémaliste, commentait la conclusion de cet accord : « Les puissances de l'Entente nous disent :

« Nous allons tâcher de régler les affaires de Thrace et de Smyrne en votre faveur ; mais ne touchez pas à nos butins ! ». Cependant, ce butin n'est ni à eux, ni aux Grecs. C'est notre bien à nous. Nous ne sommes pas allés à Londres pour marchander avec des politiciens escrocs (*sic*) sur notre indépendance ou sur nos terres, mais tout simplement pour y demander la reconnaissance de nos droits indiscutables. Les attributions de nos délégués à Londres ne sont pas de donner, mais de prendre. Si les puissances de l'Entente se présentent devant nous avec une série d'exigences, la seule chose à faire pour Bekir Sami Bey, c'est de ramasser ses papiers et de s'en aller.

Les Turcs ne défendent qu'une seule chose : leur indépendance ! *Cela signifie Adana*, Smyrne, Andrinople, la frontière nationale et la liberté économique. Nous ne renonceront point à la moindre parcelle de nos droits, à la propriété directe des sources de richesse de notre pays. Si les usuriers de l'Europe veulent persister à nous fouiller les poches et à nous voler, alors, nos délégués à Londres cesseront les pourparlers, rentreront, et la parole sera laissée à Rifat Pacha (commandant des armées nationalistes) ! »

fiévreusement à atténuer l'impression fâcheuse produite en Europe (1) et de troubler l'atmosphère en répandant des nouvelles erronées, tandis que l'agence d'Anatolie démentait inlassablement les soi-disant « calomnies ennemies » tendant à prouver qu'Angora changeait d'orientation politique et se tournait définitivement vers la Russie, le nouveau gouvernement, à peine constitué, se présentait devant l'Assemblée Nationale, prêtait serment et affirmait sa foi et confiance absolues « en sa puissante alliée orientale ! »

« Notre lutte nationale, déclarait l'élu de Moscou, vient d'être raffermie; elle s'appuie sur des bases nouvelles et solides. L'entente qui nous permet de fonder nombre d'espoirs concernant l'avenir est complète. » Et les organes officiels, et officieux, de se mettre en branle. Des articles interminables exaltent l'orientation définitive d'Angora et félicitent le gouvernement. Et, ce qui est un comble, c'est que les hommes d'Angora, non contents d'avoir magistralement « roulé » les représentants des deux grandes puissances, poussent l'insolence et la hardiesse jusqu'à vouloir « rattraper des restes ».

Les membres de la mission de Londres sont

(1) Le choc était également dur pour les victimes de leur bonne foi : « La bonne impression produite par la politique raisonnable de Bekir Sami Bey, écrivait le *Corriere della Sera* de Milan, qui avait pris une part active lors de la conclusion de l'accord, s'est évanouie partout dans les cercles politiques des alliés. »

ainsi tapageusement renvoyés après que Bekir Sami eut été complètement désavoué. Quant au Gouvernement kémaliste, il ne fait rien moins que de rejeter toute la responsabilité de l'échec de la mission Bekir Sami sur le Gouvernement britannique lui-même ! Car, c'est bien simple : le cabinet de Londres n'eut cure d'aider Bekir Sami et les nationalistes modérés ! ! « Ceux-ci, disait une note semi-officieuse bizarrement lancée « de source autorisée » par l'agence Reuter, se sont trouvés, à leur retour d'Angora, en présence d'une mission turque qui venait de signer, avec la Russie, un traité heureux en tous points. Les nationalistes modérés, se rendant compte qu'ils n'avaient rien à espérer du côté de l'Occident (*sic*) s'inclineront naturellement de l'autre côté ».

La même comédie se répétait textuellement (il ne pouvait en être autrement, puisque la première leçon n'avait guère profité aux gouvernements alliés) lors de la tentative de rencontre du Haut Commissaire anglais à Constantinople, général Harrington, avec Mustapha Kémal et aussi à la dernière mission de Bekir Sami, en Europe. Cette deuxième mission de l'ex-ministre des Affaires étrangères d'Angora fut accompagnée de beaucoup de bruit. La propagande kémaliste travailla. Tous les journaux faisaient ressortir la signification politique de la mission. Tous les arguments utilisés à Londres furent de nouveau à l'ordre du jour. Et enfin, chose neuve et particulièrement suggestive, le Gouvernement d'Angora se présentait cette fois sous l'aspect du pêcheur qui, reconnaissant ses fautes, se repent amèrement et fait amende honorable pour sa conduite !

C'est ainsi que la seconde mission Bekir Sami traversa de nouveau les capitales européennes. Comme cela était à prévoir, les gouvernements alliés la reçurent et discutèrent avec elle les questions pendantes anatoliennes. Une entente commençait à s'ébaucher lorsque, par un nouveau coup de théâtre, le Gouvernement d'Angora désavouait, pour la deuxième fois, ses émissaires et représentants ! Un communiqué laconique de l'agence officieuse d'Anatolie, du 30 juillet 1921, disait dans le style habituel, hardi et injurieux d'Angora : « Les députés Bekir Sami et Djelaledin sont partis, *en permission* en Europe. Et voici qu'*ils profitent* de leur voyage pour faire à la presse des déclarations (*sic*). Nous sommes autorisés à déclarer que le Gouvernement d'Angora n'a accordé *aucune autorisation*, n'a donné aucune instruction à ces députés; ils ne sont, par conséquent, pas *qualifiés* pour parler au nom du Gouvernement et de la Nation ! »

Il est facile de concevoir que Moscou n'était point étrangère à ce désaveu. La preuve en est si évidente qu'il faudrait réellement beaucoup de bonne volonté pour que d'aucuns arrivassent à se figurer que, d'après ce qui vient d'être dit, il y aurait quand même moyen de s'entendre avec les révolutionnaires d'Angora.

« On pourra essayer de tous les accommodements avec les gens d'Angora, dans la fallacieuse espérance de les amener à l'assagissement dans l'intérêt même, bien entendu, de la Turquie, on n'aboutira à rien de raisonnable ni de stable, car ils sont avant tout des sectaires doublés d'arrivistes », écrivait M. de la Jonquière dans le *Bosphore,* de Constantinople, du 19 juin 1921.

D'ailleurs, pour que les Alliés pussent arriver à une entente avec les kémalistes, il leur faudrait d'abord passer par le contrôle germano-bolcheviste !... Et, les Allemands comme les bolcheviks, ont les yeux grands ouverts et ne consentiraient en aucune manière à ce que le facteur d'anarchie qu'ils ont créé et mis au monde pour servir leurs desseins obscurs leur échappât et fut utilisé comme un moyen de paix par ceux précisément qu'ils veulent anéantir.

CONCLUSION

Il n'y a rien à faire avec les Kémalistes ; ce n'est pas la soumission aux exigences des révolutionnaires d'Angora qui amènera la paix en Orient. Poursuivre la conclusion de la paix dans ces conditions serait non seulement inutile mais dangereux. La raison d'être des kémalistes vient de ce que les germano-bolchevistes ont besoin d'eux comme facteurs d'anarchie. Le devoir des Alliés vis-à-vis de la paix mondiale, de leurs intérêts et de leur sûreté propres est d'anihiler le jeu germano-bolcheviste en Orient en terrassant l'organisation révolutionnaire kémaliste, agent capital de la *désorganisation mondiale.*)

La conclusion est claire : *il n'y a rien à faire avec les kémalistes.* Nous l'avons constaté; leur mouvement est la création d'une intrigue germano-bolcheviste générale. Il se laisse porter et soutenir par elle, tandis qu'il sert d'agent aux desseins germano-bolchevistes de *désorganisation mondiale.* En tête de ce mouvement aux allures patriotiques se trouvent les mêmes personnalités néfastes qui, de 1914 et 1915, plaçaient la Turquie aux côtés de l'Allemagne. Et il ne faut point oublier que l'entrée de la Turquie en guerre aux côtés des puissances centrales causa la prolongation d'une lutte meurtrière, dans laquelle succombèrent nombre d'innocentes victimes. Organes aveugles de Berlin et de Moscou, les kémalistes exécutent fidèlement leurs ordres.

Nous avons de même constaté que le mouvement kémaliste n'est pas seulement dirigé contre les Grecs. Agissant contre toutes les puissances européennes, il est nécessairement xénophobe. Chasser les occidentaux de l'Anatolie, des colonies musulmanes et de Constantinople, tel est le but qu'il se propose.

Par conséquent, toute espèce d'entente avec Angora devient impossible car, pour qu'elle eut lieu, il faudrait qu'elle fût soumise au contrôle germano-bolcheviste. Les soi-disant dispositions conciliantes du Gouvernement kémaliste ne sont pas des mouvements opportunistes habilement dirigés et destinés à tromper la bonne foi des Alliés.

Ceci ne veut pas dire que toute entente est impossible avec le Gouvernement kémaliste. Ce dernier, poursuivant une politique opportuniste, jugera bon, très probablement, de conclure un accord en règle avec l'une ou l'autre de ces puissances suivant ses intérêts. Mais personne ne doit être dupe de la valeur et de la viabilité de pareils accords. Ils n'auront de la valeur que tant qu'ils serviront les intérêts des hommes d'Angora. Ils seront signés avec l'idée bien nette de n'être jamais respectés. Ils savent bien à Angora que personne n'est en mesure de leur imposer l'exécution des engagements pris par eux. Là est leur force.

Ce qui rend les gens d'Angora si arrogants à l'égard des grandes puissances, c'est le profond mépris qu'ils ont pour elles et la conviction qu'elles ne sont pas en mesure de les gêner ou même de leur faire respecter leurs décisions.

Kémal se sent très fort vis-à-vis de l'Europe *divisée, affaiblie et démoralisée* (telles sont les informations des nationalistes au sujet de la situation actuelle des grandes puissances) et *incapable de se mettre d'accord pour une action commune contre les Turcs,* et tâche de tirer profit de cette situation générale politique *déplorable* entre les grands *alliés occidentaux* pour leur imposer *ses conditions.*

Pour les nationalistes de Kémal, comme pour les Jeunes-Turcs d'Enver « l'Europe est un organisme dégénéré destiné à disparaître. Au contraire, les peuples d'Orient, sains et pleins de vitalité, vont bientôt prendre sous leur domination l'Europe en décrépitude ».

Voilà ce qu'écrivait l'un des deux organes officiels d'Angora, le *Yeni Ghioun,* au lendemain du rejet de l'accord Briand-Bekir Samy, sous le titre « Est-ce l'Orient ou l'Occident ? » Cet article reproduit par tous les journaux turcs de Constantinople et de l'Anatolie fut également distribué, sous forme de tracts, par milliers d'exemplaires dans l'armée.

« L'Occident ressemble à un édifice dont les fondations sont pourries. Cela se voit dans tous ses actes. La volonté ferme de la Nation turque, la puissance de la politique des pays orientaux obligeront tôt ou tard l'Occident à s'incliner devant leurs demandes légitimes. »

Cependant l'Europe ne peut assister impassible à l'extension de ce foyer d'incendie allumé avec tant d'astuce diabolique par les ennemis de la paix mondiale. L'Europe a tout intérêt d'intervenir et de régler, une fois pour toutes, la *question d'Orient*, source permanente de troubles et de guerres. Pour y parvenir, il lui faudrait cesser d'être dupe d'une indulgence coupable vis-à-vis d'une poignée d'arrivistes qui sont à la solde de ses ennemis mortels : « Le meilleur moyen de faire la paix avec les kémalistes, dit très justement M. Pierre Bernus, dans le *Journal des Débats*, n'est pas de leur témoigner un excès de condescendance (1). Et il a grandement raison, car c'est en appliquant cette « politique d'indulgence » à l'égard de la Turquie qu'on est arrivé à ce que cette dernière, « qui fut l'alliée de l'Allemagne dans une guerre d'agression, et qui s'est rapprochée maintenant des bolcheviks, dicte ses conditions, comme si elle avait remporté la victoire sur les Alliés ».

« Les gouvernements pacifistes de l'Entente ont beau crier : la paix ! la paix !..., comme le dit M. Emile Buré dans l'*Eclair* : Elle ne reviendra pas, cette paix, avant qu'ils aient réussi à imposer les conditions qui la rendrait possible et durable (2). »

(1) *Journal des Débats*, 10 juillet 1921.

(2) *L'Eclair*, 2 juillet 1921.

Les conditions sont fort simples. Il suffit que les puissances alliées fassent preuve de prévoyance. Il suffit qu'elles arrivent à aplanir leurs divergences, du moins en ce qui concerne l'Orient.

Le mouvement kémaliste est certes une création des intrigues germano-bolchevistes, mais il doit surtout son existence aux grandes puissances. L'œuvre des créateurs du mouvement n'a réussi que parce qu'elles l'ont tolérée, et parce que dès le début elles n'ont fait preuve ni de prévoyance ni d'énergie. Le fait que le mouvement nationaliste s'est développé et est arrivé au point où il se trouve actuellement est également dû à la tolérance des puissances. Enfin s'il continue à exister et à prendre une forme de plus en plus menaçante c'est encore grâce aux mêmes puissances, grâce à l'appui apparent ou caché qu'elles continuent à lui accorder.

Quelle que soit l'importance de l'intérêt des germano-bolchevistes pour leurs organes d'Angora leurs forces sont limitées par suite de la victoire des Alliés. L'aide qu'ils fournissaient à Angora était suffisante à l'origine du mouvement kémaliste, mais actuellement elle est tout à fait insuffisante. Le mouvement se serait éteint depuis longtemps s'il devait se contenter de cette aide. Certes, Moscou et Berlin, s'occupent des besoins de leurs protégés. Pourtant Moustapha Kémal trouve la majeure partie des fournitures de son armée et des munitions sur les marchés occidentaux. C'est-à-dire que l'argent bolcheviste paie le matériel de guerre fourni par les marchés alliés, matériel que les plus grands ennemis des Alliés utilisent en perpétuant un mouvement anarchiste dirigé principalement contre eux.

C'est ainsi que grâce à cette situation étrange nous assistons à un phénomène encore plus bizarre : l'Europe qui tremble devant le fantôme qu'elle entretient et arme.

On voit donc que les conditions de la pacification de l'Orient sont simples et faciles. Il est inutile de mobiliser des armées et des flottes. Il suffit qu'Angora cesse de recevoir l'appui apparent ou secret de l'Europe et que le mouvement kémaliste soit abandonné à ses propres moyens. On verra alors le fantôme kémaliste, devant lequel tremblent les Alliés vainqueurs, s'évanouir.

Les puissances alliées devraient se hâter, car le jour n'est pas loin où elles se trouveront fatalement devant des surprises très désagréables, préparées par ceux-là mêmes qui, en 1914, agissaient de même.

POST-SCRIPTUM

L'accord franco-turc signé à Angora, alors que le présent ouvrage se trouvait sous presse, loin de modifier son contenu ne fait qu'apporter un argument nouveau en sa faveur.

Cet accord n'est, en effet, qu'un autre exemple typique de la tactique suivie par les hommes d'Angora — lisez Moscou. — Il est signé aux approches de l'hiver, alors que, d'une part les opérations militaires se trouvent être arrêtées, par suite des intempéries de la saison et que, d'autre part, nous nous trouvons à la veille d'une intervention diplomatique. Plusieurs journaux français, dont la clairvoyance ne se laisse pas influencer et qui ne battent pas la grosse caisse autour de cet accord, n'ont pas hésité à affirmer, avec une franchise qui leur fait honneur, que cet accord signifie la *capitulation définitive de la France devant Angora.* Et de fait, l'homme qui apposa sa signature au bas de cet accord, à côté de celle du représentant de la France, reçoit beaucoup plus qu'il ne demandait en mars dernier, et cette fois, sans rien donner en échange. Bien plus : en élève digne de ses maîtres il écrit dans la lettre adressée à M. Franklin-Bouillon la phrase significative suivante : « Le Gouvernement de la République Française s'efforçant de résoudre dans un esprit de cordiale entente toutes les questions ayant trait à l'indépendance et à la souveraineté de la Turquie... » N'est-ce pas laisser la porte ouverte à toute dénonciation possible et probable de cet accord, dans l'avenir ?... Ce qu'Angora désire est clair : Des raisons de prestige et de politique intérieurs lui imposeraient le devoir de rehausser le moral déçu du peuple turc, à qui Moustapha Kémal avait pompeusement promis « le rejet des Grecs à la mer ». Cette prophétie ne se réalisant pas, ne fallait-il pas consolider ces « bases morales » afin de permettre, au printemps prochain, la reprise et la continuation de cette guerre funeste à la Turquie, en tous points ?...

N'était-il pas indispensable, d'autre part, de percer, coûte que coûte, le front politique des Alliés ? Car il n'était point dit — et ceci se laissait facilement deviner — que dans une conférence plus ou moins proche, les Alliés ne trouveraient pas un terrain d'entente qui leur permettrait de régler définitivement et par une action commune, la question d'Orient. Or, si désavantageuse fût-elle pour les intérêts grecs, cette solution ne pouvait être de nature à satisfaire d'une manière complète et définitive les exigences d'Angora. Et si le hasard faisait que les choses fussent ainsi, la question du ravitaillement de l'armée kémaliste se poserait de nouveau puisque, nous l'avons dit, la solution trouvée par l'Europe ne trouverait pas d'écho à Angora. Tous ces écueils, il les fallait éviter, et c'est pourquoi l'accord franco-turc vint à point pour les kémalistes : *il constitue de fait une rupture — du moins en ce qui concerne l'Orient — de l'entente franco-britannique.*

Derrière cette manœuvre habile il faut chercher Tchitchérine. Maître dans l'art de ces combinaisons, nous le voyons agir de même lors de la rupture du front diplomatique de l'Entente, quand l'Angleterre traita séparément avec la Russie bolcheviste.

Ceux qui parlent de « Paix » et surtout de « Profits » que la France ne manquera pas de tirer de cet accord, et se trouvent ainsi prêts à oublier les crimes encore récents commis par ces hommes de la Turquie de 1914, et les désillusions amères que les Alliés ont éprouvées à la veille de la grande guerre, vont, à notre avis, un peu trop vite. Les soi-disant « Profits » de cet accord ne tarderont pas à devenir des réalités désagréables, même en Syrie, si les Grecs ne parviennent pas à se maintenir en Anatolie. Car, il n'y a aucun doute que si ces aventuriers trouvent moyen de s'installer, sans autre difficulté, en Cilicie, ils éprouveront le besoin de « libérer », de la même manière, la Syrie et d'autant plus facilement que la position des Français, là-bas, ne sera pas des plus brillantes. La signature de Youssouf Kémal ne les en empêchera certainement pas!... D'ailleurs le Gouvernement de la République ne semble pas se faire illusion à ce sujet puisque, de fait, il conserve là-bas une armée de 40.000 hommes, ce qui est un peu beaucoup, avouons-le, dans un pays dont les frontières sont *garanties* par l' « amitié reconquise » des Jeunes-Turcs !...

De même ceux qui d'un cœur léger soulignent « l'impression heureuse » produite parmi les populations musulmanes des colonies françaises ne réfléchissent certainement pas aux conséquences fatales de cet accord, dont un des effets immédiats a été de renforcer le sentiment panislamique. Il consolida et fortifia en même temps le mouvement d'Angora vis-à-vis du monde musulman, donna à ses chefs le prestige qu'ils essayaient en vain d'avoir et montra une Entente divisée, incapable d'agir et prête à s'entredéchirer. C'est ainsi que des espoirs secrets renaissent et que des doutes se dissipent. L'Entente a décidément bien mordu au hameçon habilement tendu et cela à l'heure même où le mouvement nationaliste traversait une crise suprême, morale et matérielle.

Pour s'en faire une idée il n'y a qu'à lire certains articles parus dernièrement dans la presse kémaliste. Ainsi que les proclamations et déclarations à l'adresse du monde musulman. Le *Tefhid-i-Efkiar* de Constantinople écrit: (1. X. 21): « *Dans la politique orientale les Turcs seront désormais un facteur dirigeant. Aucune décision ne sera prise désormais, relativement à l'Orient, sans que les Turcs aient été consultés.* »

Une autre proclamation destinée aux Musulmans du Caucace est conçue en ces termes : « Les ennemis de l'Islam déposent les armes les uns après les autres. La France après que son armée a apprécié, en Cilicie, la bravoure des nôtres, à Aïntab, à Marache et dans d'autres combats non moins glorieux, est obligée de reconnaître nos droits. *C'est la première Paix — depuis l'époque où la puissance turque se brisa devant les portes de Vienne — dont les conditions sont dictées par la Turquie.* » Enfin, dans les déclarations que faisait récemment au *Petit Journal* un des membres de la mission kémaliste en France, le Dr. Rechad Bey n'hésitait de poser à nouveau la question de Constantinople. Ces messieurs ont, à ce qu'il semble, grande hâte à continuer dans cette malheureuse ville l'œuvre particulièrement honorable de persécutions et d'intrigues politiques, que vint interrompre, malencontreusement, la défaite de leurs alliés, les Boches. L'entente franco-turque, disent-ils, sert, en Orient, les intérêts de la Paix! Il serait plus juste de dire qu'elle va à l'encontre de cette Paix : « *C'est la première Paix dont les conditions sont dictées par la Turquie depuis l'époque où la Puissance islamique vint se briser aux portes de Vienne.* » Cet accord présente aux yeux turcs l'aspect lamentable d'une puissance européenne déposant les armes devant une poignée d'arrivistes, qui n'ont pas manqué de l'intimider une fois de plus, et ceci est très grave pour le prestige de l'Europe. Psychologiquement et politiquement la faute est grande et l'Europe et la France le paieront cher, comme d'ailleurs le malheureux peuple turc dont le martyr va s'éternisant !

25 novembre 1921.

ANNEXE

Texte du Traité Turco-Russe

PLÉNIPOTENTIAIRES POUR LA TURQUIE :

I. Youssouf Kémal bey, commissaire de l'Economie Nationale de la Grande Assemblée Nationale de Turquie et député de Kastamouni.

II. Le Docteur Riza Nour bey, commissaire de l'Instruction Publique et député de Sinope à la Grande Assemblée Nationale.

III. Ali Fouad Pacha, ambassadeur de la Grande Assemblée Nationale turque et député d'Angora, d'une part ;

PLÉNIPOTENTIAIRES POUR LA RUSSIE :

I. Georges Tchitcherine, commissaire aux Affaires étrangères du Gouvernement de la Confédération Républicaine socialiste des Soviets en Russie.

II. Djelal Korkmazoff, membre de la Commission Centrale exécutive, d'autre part ;

Après l'échange de leurs pleins pouvoirs, trouvés en due forme, ils se sont convenus des articles suivants :

Article Premier. — Chacune des parties contractantes admet comme principe de ne reconnaître aucun traité de paix ou une autre obligation internationale quelconque qui lui serait imposée par la force. Le Gouvernement de la République confédérative et socialiste des Soviets de Russie accepte de ne reconnaître aucun acte international concernant la Turquie sans qu'il soit considéré valable par le Gouvernement National de Turquie, représenté aujourd'hui par la grande Assemblée nationale. Par le mot « Turquie », cité dans le présent traité, on entend les territoires compris dans le pacte du « serment national » fait à Constantinople, par la Chambre des Députés, à l'Assemblée du 28 janvier 1920, et communiqué, par la voie de la presse, à tous les Etats. Les frontières nord-est de la Turquie commencent au village « *Charp* » situé sur le littoral de la Mer Noire et sont déterminées par la ligne de démarcation ayant comme point de départ *Guédiz*. Cette ligne de démarcation passe par *Safset Dag* et Fani Dag, limites sud des régions d'Ardahan, de Kars et du fleuve Aras et aboutit aux embouchures de *Nizni-Karassou.*

Article II. — La Turquie consent à abandonner à la Géorgie ses droits de souveraineté sur le port et la ville de Batoum ainsi que sur le territoire qui se trouve au nord des frontières fixées par le premier article du présent traité et qui appartenaient précédemment au département de Batoum, sous les conditions suivantes:

a) Les habitants de ces endroits bénéficieront d'une ample autonomie, assurant les droits du libre développement de chaque communauté et accordant le droit de propriété sur ces territoires conformément aux désirs des habitants.

b) Les marchandises et autres objets importés ou exportés de Turquie ou en Turquie par le port du Batoum ne seront pas soumis à un impôt douanier et seront exempts de tout impôt; la Turquie s'assure ainsi le droit du libre transport et passage et peut utiliser le port de Batoum, sans qu'elle soit soumise aux frais relatifs.

Article 3. — Il est convenu entre les deux parties contractantes que le département de Nachtsivan formera un pays autonome sous le protectorat d'Azerbeidjan, à la condition que cet Etat ne cèdera pas à un autre Etat ce droit de protectorat. La frontière de cette région triangulaire du Nacthsivan commence à l'est du tahlweg de la rivière Aras ; aux sommets 3829 de la montagne d'Afna, 4121 de la montagne Dili-Dag, 587 de la montagne Bagardjik, 530 de la montagne Kioumour-Oglou et passe par la pointe 8081 de la montagne Serai Boulak et se joignent à la station d'Ararat, point de rencontre des deux fleuves Aras et Karassou ; cette région triangulaire de Nachtsivan sera rectifiée par une commission composée des délégués de la Turquie, de l'Azerbeidjan et de l'Arménie.

Article 4. — Les deux parties contractantes, prenant en considération l'identité de vues des mouvements nationalistes et le désir d'affranchissement des nations d'Orient et n'omettant pas que la lutte des combattants russes vise l'établissement d'un nouveau système social, reconnaissent officiellement le droit de liberté et d'indépendance de ces peuples ainsi que celui de se gouverner par le système gouvernemental qu'ils désirent.

Article 5. — Les parties contractantes s'engagent et acceptent de remettre la rédaction d'un règlement définitif et international pour la Mer Noire et les détroits, afin d'assurer leurs communications commerciales et le libre passage, à un Congrès qui se réunira en temps utile et qui sera composé des délégués des Etats riverains sous la condition expresse que les décisions de ce Congrès ne porteront pas atteinte aux droits de souveraineté absolue de la Turquie et à la sûreté de Constantinople, capitale de ce dernier Etat.

Article 6. — Les deux parties contractantes reconnaissent que tous les traités contractés jusqu'à ce jour entre ces deux Etats ne répondent pas à leurs intérêts réciproques. En conséquence, les deux parties contractantes sont de l'avis que ces traités sont nuls et non avenus. Spécialement le Gouvernement des Soviets de Russie déclare que la Turquie est dégagée de toute obligation économique envers la Russie et de tous les traités basés sur des actes internationaux et passés entre les Gouvernements tsaristes et la Turquie.

Article 7.—La Russie des Soviets reconnaissant que le régime des capitulations n'est pas compatible avec l'exercice des pleins pouvoirs de souveraineté de chaque Etat et avec son libre développement national, considère ces capitulations nulles ; de même tous droits et obligations dérivant de ce système sont frappés de nullité.

Article 8. — Les deux parties contractantes s'engagent à ne pas admettre la formation et l'établissement d'organisations et des réunions tendant à se saisir du pouvoir gouvernemental de l'autre Etat contractant ou d'une partie de cet Etat, ainsi que la formation des rassemblements qui se proposeraient d'agir contre l'autre Etat contractant. La Turquie et la Russie assument la même obligation sous la condition de réciprocité envers les républiques soviétiques du Caucase. Il est décidé encore que par territoires turcs, mentionnés dans cet article, on entend ceux qui demeurent directement sous l'Administration politique et militaire du Gouvernement de la Grande Assemblée Nationale.

Article 9. — Pour ne pas arriver à la rupture des relations de ces deux Etats, les deux parties contractantes s'engagent à prendre d'un commun accord, avec toute la célérité possible, les mesures nécessaires pour assurer le perfectionnement des lignes de chemins de fer, des télégraphes et d'autres communications et le libre passage, sans difficulté quelconque, des personnes ainsi que le transport des biens. Il est décidé, en outre, que tant pour l'entrée que pour la sortie des passagers et le transport des marchandises les lois et les règlements de chaque Etat, seront appliqués à la lettre.

Article 10. — Les sujets d'un des Etats contractants qui se trouvent sur le territoire de l'autre jouiront des mêmes droits et seront soumis aux mêmes obligations qui découlent des lois de l'Etat qu'ils habitent ; mais ils ne seront pas soumis aux lois et aux règlements qui ont trait à la défense nationale. De même pour les questions qui se réfèrent au droit de famille, d'héritage et à la capacité personnelle, les ressortissants des deux parties contractantes ne seront pas soumis aux dispositions du présent article. Cette question sera solutionnée par convention spéciale.

Article 11. — Les deux parties contractantes s'accordent à appliquer sur les ressortissants qui résident dans l'un des pays contractants la clause de « la nation la plus favorisée ». Les dispositions de cet article ne sont pas applicables aux droits des sujets des Républiques soviétiques, alliées de la Russie ainsi qu'aux sujets des Etats musulmans, alliés de la Turquie.

Article 12. — Chaque habitant de ces territoires qui appartenaient à la Russie avant l'année 1918 et sur lesquels les droits de souveraineté de la Turquie ont été reconnus en vertu de ce traité par la Russie soviétique, pourra quitter librement la Turquie en emportant ses biens, sa fortune et son numéraire. Ces mêmes droits sont reconnus à chaque habitant de ces territoires de Batoum sur lesquels le droit de souveraineté a été cédé par ce traité à la Géorgie.

Article 13. — La Russie des Soviets s'engage de transporter à ses frais, jusqu'aux frontières Sud-Est, les prisonniers turcs qui se trouvent dans le Caucase et la Russie d'Europe dans les trois mois à partir de la signature du présent traité et dans les six mois les prisonniers qui se trouvent dans la Russie Asiatique.

Les détails de ce transport seront fixés par un accord particulier qui sera signé immédiatement après la signature du présent traité.

Article 14. — Les deux parties contractantes s'accordent à conclure une convention consulaire dans le plus bref délai possible ainsi que des conventions économiques, financières et tout ce qui peut contribuer au développement des relations et des liens énoncés dans la préface du présent traité.

Article 15. — La Russie se charge de faire les démarches nécessaires auprès des susdites républiques transcaucasiennes afin que les articles qui sont mentionnés dans le présent traité turco-russe et qui se réfèrent aux républiques du Caucase soient reconnus par les traités qui seront contractés entre la Turquie et ces Républiques.

Article 16. — Le présent traité doit être ratifié. Les actes de ratification seront échangés le plus tôt possible à Kars. Le présent traité, à l'exception de l'article 13, entrera en vigueur à partir de la date de l'échange des actes de ratification.

Les plénipotentiaires susdits ont signé et mis leurs cachets sur le présent traité.

Le présent traité a été fait en double exemplaire le 16 mars 1921.

Signé :	*Signé :*
Youssouf Kémal	Georges Tchitcherine.
Riza Nour	Djelal Korkmazoff
Ali Fouad.	

TABLE DES MATIÈRES

P. THÉVOZ, *imp.*, Paris

www.ingramcontent.com/pod-product-compliance
Ingram Content Group UK Ltd.
Pitfield, Milton Keynes, MK11 3LW, UK
UKHW020244220726
13923UKWH00002B/813